Börse
verstehen

Erfolgreich
handeln

Von Aktiensplit bis Zertifikate

AF284114

Thomas Erb, ausgebildeter Diplom-Volkswirt beschäftigt sich schon seit vielen Jahren mit dem Thema Börse. Als Trader im Eigenhandel analysiert er regelmäßig die Finanzmärkte, um daraus Anlagestrategien abzuleiten. Mehr Informationen auf Youtube: https://bit.ly/Aktienradar

Thomas Erb

BÖRSE
VERSTEHEN
ERFOLGREICH
HANDELN

VON AKTIENSPLIT BIS ZERTIFIKATE

Bibliografische Information der Deutschen Nationalbibliothek:
Die Deutsche Nationalbibliothek verzeichnet diese Publikation in der
Deutschen Nationalbibliografie; detaillierte bibliografische Daten sind
im Internet über http://dnb.dnb.de abrufbar.

© 2022 Thomas Erb

Herstellung und Verlag: BoD – Books on Demand, Norderstedt

ISBN: 978-3-7526-6661-8

INHALT

Vorwort

Gleich die wichtigste aller Fragen vorneweg: Glauben Sie, dass sich an dem Zinsdilemma, das wir momentan durchleiden auf absehbare Zeit etwas ändern wird? Dass wir wieder ein Zinsniveau erreichen werden, das auf eine halbwegs ordentliche Rendite hoffen lässt? Nach Ansicht vieler Finanzmarktexperten gibt es hier so schnell keine Hoffnung auf eine signifikante Verbesserung. Soweit die schlechte Nachricht, es gibt aber auch eine Gute: Es gibt eine Alternative, sozusagen ein Plan B wie Börse!

Ich möchte jetzt an dieser Stelle nicht die beinahe schon als Plattitüde anmutende Weisheit näher ausführen, warum sich die Geldanlage in Aktien langfristig lohnt. Stattdessen möchte ich Ihnen sagen auf was es meiner Meinung nach ankommt, um an der Börse erfolgreich zu sein. Es bedarf dafür genau zweier Dinge: Wissen und Mut! Das Wissen bringt Ihnen die Sicherheit und damit das gute Gefühl richtig entschieden zu haben. Der Mut ist das Risiko das Sie bereit sind einzugehen. Doch zunächst gilt es die Zusammenhänge an den Finanzmärkten zu verstehen, dann erst kommt das Handeln. Gewiss ist die Börse keine Einbahnstraße und es gibt auch mal den einen oder anderen Rückschlag zu verkraften. Nichtsdestotrotz ist es möglich mit Logik und Strategie langfristig erfolgreich zu sein. Ein paar Ideen und Anregungen dazu finden Sie am Ende des Buches, wo ich meine Top-5 Trading-Strategien vorstelle.

Dieses Buch deckt mit seinen Kapiteln von A wie Aktiensplit bis Z wie Zertifikate eine große Bandbreite an Themen ab und vermittelt kompakt und übersichtlich ein unverzichtbares Basiswissen über das jeder Privatanleger verfügen sollte. Es werden grundlegende Zusammenhänge erklärt und Sie erhalten wertvolle Hinweise, was es alles zu beachten gilt. Aber auch für diejenigen, die bereits einen Schritt weiter sind bietet dieses Buch einen Mehrwert. Denn gerade das letzte Kapitel zeigt, dass es an der Börse mehr gibt als nur Aktien. Innovative Finanzprodukte wie

Zertifikate bieten interessierten Anlegern vielfältige Möglichkeiten sich an der Börse zu engagieren. Wer weiß, vielleicht entwickeln Sie durch das Lesen die Motivation sich noch mehr mit diesen Produkten auseinanderzusetzen. Etwas über den Tellerrand hinauszuschauen und zu wissen, was es sonst noch gibt, hat ja bekanntlich noch nie geschadet.

Ich wünsche Ihnen viele spannende Einsichten beim Lesen dieses Buches, um sich fit zu machen für eine erfolgreiche Zeit an der Börse.

Herzlich,
Thomas Erb

Aktiensplit – Gut oder schlecht?

Sicher haben Sie schon einmal von der Investorenlegende Warren Buffet aus den USA gehört, der sein Vermögen an der Börse gemacht hat. Bekannt wurde er vor allem durch seine konservative Anlagestrategie in Value-Aktien (mehr Informationen dazu auch im Kapitel Value Investing). Er besitzt die Holding-Gesellschaft Berkshire Hathaway, über die er Unternehmen entweder komplett erwirbt oder sich als strategischer Aktionär beteiligt. Das Konglomerat Berkshire Hathaway von Warren Buffett ist die teuerste öffentlich gehandelte Aktie der Welt, denn es wurde in der ganzen Unternehmensgeschichte nie ein Aktiensplit durchgeführt. Hätte das Unternehmen nicht die B-Aktien geschaffen, die deutlich günstiger an der Börse notieren, dann hätten Privatanleger bis heute keine realistische Chance sich an der Erfolgsstory von Warren Buffet zu beteiligen. Oder haben Sie mal eben so 460.000 USD (Kurs der Aktie am 25.01.2022) übrig, um eine Berkshire Hathaway Aktie, Class A zu erwerben? Dagegen ist die neu geschaffene Class B Aktie mit 307 USD (Kurs der Aktie am 25.01.2022) direkt ein Schnäppchen. Dieses Beispiel zeigt sehr anschaulich, was passiert, wenn erfolgreiche Unternehmen an der Börse, nie einen Aktiensplit vornehmen. Sie werden schlicht für viele Investoren zu teuer. Die meisten der börsennotierten Unternehmen nutzen jedoch diese Möglichkeit, um langfristig für möglichst viele Anleger attraktiv und damit kaufenswert zu bleiben. Was es genau mit einem Aktiensplit auf sich hat und welche Bedeutung er für Aktionäre hat, erfahren Sie in diesem Kapitel.

Wie es zu einem Aktiensplit kommt

Grundsätzlich gibt es zwei Arten von Aktiensplits: den klassischen (englisch: forward split) und den sogenannten Reverse Split (reverse split). Konzentrieren wir uns hier auf die gängige klassische Variante. Bei diesem Aktiensplit handelt es sich um eine Maßnahme, bei der ein börsennotiertes Unternehmen den Nennwert der Aktien herabsetzt oder die Anzahl der ausgegebenen Aktien erhöht, um den Aktienkurs zu reduzieren. Der Grund für diese Maßnahme ist in der Regel darin begründet, dass der Kurs der Aktie ein Niveau erreicht hat, bei dem viele Privatanleger einen Einstieg scheuen, getreu dem Motto „diese Aktie ist ja viel zu teuer", obwohl die Bewertungskennzahlen das Kursniveau aus fundamentaler Sicht mehr als rechtfertigen. Viele Unternehmen kündigen dann einen Aktiensplit an, um für viele Investorengruppen auf einem gemäßigteren Kursniveau wieder als attraktiv und investierbar zu erscheinen. Sie versprechen sich dadurch eine größere Nachfrage nach ihren Aktien und damit verbunden einen steigenden Kurs sowie einen wachsenden Börsenwert.

Häufig werden Aktiensplits gerade dann durchgeführt, wenn die Kurse schon über einen längeren Zeitraum enorm angestiegen sind oder sich auf einem hohen Niveau in einem Seitwärtstrend befinden. Der Aktiensplit wird dabei stets in einem Verhältnis angegeben, zum Beispiel als 2:1 Split, aber auch Tauschverhältnisse wie 3:2 oder 5:4 oder gar 10:1 sind möglich.

Bedeutung für Aktionäre

Führt ein Unternehmen zum Beispiel einen Aktiensplit im Verhältnis 2:1 durch, erhalten Sie für jede Aktie, die Sie besitzen, eine neue dazu. Die Anzahl der Aktien im Depot verdoppeln sich, allerdings reduziert sich der Aktienkurs auf die Hälfte (alter Aktienkurs geteilt durch zwei). Der Wertbestand im Depot bleibt nach dieser Maßnahme also unverändert. Genauso verhält es sich bei allen anderen Tauschverhältnissen. Am Ende haben Sie lediglich deutlich mehr Stückzahlen des betreffenden Wertpapiers in Ihrem Depot, der Wert der gesamten Position bleibt aber unverändert.

Die Antwort auf die Frage, ob Aktiensplits gut oder schlecht aus Aktionärssicht sind finden Sie leicht heraus, wenn Sie sich die Kursentwicklung von Aktien anschauen, bei denen in der Vergangenheit bereits ein oder sogar mehrere Splits durchgeführt wurden. Unternehmen wie Amazon oder Apple verfügen ohne Zweifel, das hat sich in den letzten Jahren gezeigt, über ein hervorragendes Geschäftsmodell. Das ist der

Hauptgrund für die beeindruckende Performance beider Unternehmen an der Börse.

Die Frage, ob sich ein Aktiensplit für investierte Anleger langfristig lohnt, ist bei diesen beiden Unternehmen mit einem klaren Ja zu beantworten. Sowohl Amazon als auch Apple haben bereits mehrfach in ihrer Unternehmensgeschichte einen Aktiensplit durchgeführt und oft starteten die Aktien bereits bei der Ankündigung dieser Maßnahme eine Kursrally. Historisch betrachtet war dieser Vorgang lohnend für die Aktionäre dieser beiden Unternehmen. Zwar gibt es keine Garantie an der Börse, dass sich ein Aktiensplit bei allen Unternehmen positiv auf die künftige Kursentwicklung der Aktie auswirkt. Aber der entscheidende Punkt hier ist nicht allein die Wette, dass einzig diese Maßnahme als Kurstreiber wirkt. Nein, mitentscheidend ist auch die langfristige Aktienstory, d.h. glaube ich als Investor an die zukünftigen Wachstumschancen und den Erfolg des Unternehmens? Denn wenn das nicht gegeben ist, dann ist damit zu rechnen, dass mittel- bis langfristig gesehen auch die Wirkung eines Aktiensplits eher verpufft.

Wichtig zu wissen:

- Beim klassischen Aktiensplit handelt es sich um eine Maßnahme, bei der ein börsennotiertes Unternehmen den Nennwert der Aktien herabsetzt oder die Anzahl der ausgegebenen Aktien erhöht, um den Aktienkurs zu reduzieren.

- Aktiensplits werden stets in einem Verhältnis angegeben, zum Beispiel als 2:1 Split, aber auch Tauschverhältnisse wie 3:2 oder 5:4 oder gar 10:1 sind möglich.

- Langfristig betrachtet wirken sich Aktiensplits oft positiv auf die Kursentwicklung aus (siehe Beispiel Amazon und Apple). Wichtig aus Aktionärssicht ist aber auch, dass die fundamentalen Aussichten des Unternehmens vielversprechend sind.

Berichtssaison – Jedes Quartal auf ein Neues

Das Schöne an der Börse ist die Tatsache, dass es nie langweilig wird. Dafür sorgen nicht nur Konjunkturdaten, geopolitische Risiken oder andere Einflussfaktoren, sondern in erster Linie auch die Unternehmen selbst, die an der Börse notiert sind. Den Startschuss für mögliche Kursturbulenzen bildet dabei die alle drei Monate auf ein Neues stattfindende Berichtssaison. Hochspannend ist diese Phase vor allem für sehr kurzfristig orientierte Trader, da es am Tag der Unternehmensmeldungen oft zu heftigen Kursausschlägen kommen kann. Aber auch für langfristig orientierte Anleger ist die Berichtssaison von großer Bedeutung, denn diese liefert ihnen wesentliche Informationen zum Geschäftsverlauf des abgelaufenen Quartals und gibt zudem einen Ausblick der Unternehmen für die nächste Berichtsperiode. Es sind dann auch die Tage, an denen sich Aktionäre kritisch hinterfragen können, ob die Wertpapiere, die sich in ihren Depots befinden, auch weiterhin aussichtsreich sind. Erfahren Sie mehr zur Bedeutung der Berichtssaison in diesem Kapitel.

Das sind die Hintergründe

Börsennotierte Unternehmen in den USA sind rechtlich dazu verpflichtet in regelmäßigem Abstand ihre Geschäftszahlen zu veröffentlichen und einen Ausblick auf die kommende Geschäftsperiode abzugeben. Aber auch die Mehrheit der Unternehmen aus anderen Ländern veröffentlichen regelmäßig ihre Bilanzen. Dies geschieht an der Börse alle drei Monate im Rahmen der Berichtssaison. Viele Anleger warten gespannt darauf, und notieren die Veröffentlichungstermine mitunter als Highlight in ihrem Kalender. Denn dann erfahren Sie, ob das Management hält, was es zuletzt versprochen bzw. prognostiziert hat.

Die Berichtssaison beginnt üblicherweise nach Abschluss des letzten Monats des jeweiligen Finanzquartals (Ende Dezember, März, Juni und September). Traditionell startet der Zahlenreigen mit den US-Banken, die als erste Unternehmen ihre Geschäftsbücher öffnen. Auf vielen bekannten Finanzseiten im Internet, unter anderem auch auf der Internetseite des Nachrichtensenders N-TV sind sämtliche Veröffentlichungstermine inklusive der Uhrzeit gelistet.

Die Quartalszahlen werden von den Unternehmen außerhalb der Handelszeiten veröffentlicht. Hintergrund ist, dass die Berichte so viele Menschen wie möglich erreichen und das Tagesgeschäft nicht beeinträchtigt wird. Denn je nachdem, wie die Zahlen ausfallen, kann die Kursreaktion einer Aktie teils sehr heftig in die eine oder in die andere Richtung ausfallen.

Bedeutung der Berichtssaison für Aktionäre

Steigen oder fallen meine Wertpapiere nach Bekanntgabe der Geschäftszahlen? Das ist die berühmte Gretchenfrage, um die es in diesen Wochen bei vielen Aktionären geht. Im Grunde interessiert die Anleger in der Berichtssaison nur das eine: Werden die Erwartungshaltungen des Marktes vom Unternehmen verfehlt, erreicht oder übertroffen? Denn die Erwartungshaltung ist wesentlich, was im Anschluss passiert. Die Unternehmen selbst haben sich in ihren letzten Quartalsberichten im Ausblick zu ihren Geschäftserwartungen für die nächste Berichtsperiode geäußert. Aktienanalysten haben zudem die Erwartungshaltung des Marktes mit ihren Schätzungen für Umsatz und Gewinn („earnings per share" oder kurz: EPS) für das Berichtsquartal gefüttert. Wenn das Zahlenwerk der Unternehmen die Erwartungen des Marktes trifft oder gar deutlich darüber liegt, ist in der Regel von einer positiven Kursreaktion der Aktie auszugehen. Entsprechend muss mit Kursabschlägen gerechnet werden, wenn die Geschäftszahlen die Erwartungen verfehlen.

Jetzt kommt das große Aber: Denn mitunter kommt es gar nicht selten vor, dass das Gegenteil von dem eintritt, was die Logik eigentlich vermuten lässt. Der Aktienkurs fällt trotz guter Zahlen bzw. steigt, obwohl Umsatz, Ergebnis, der Ausblick oder alles zusammen miserabel ausfallen. Was ist hier los? Für diese auf den ersten Blick paradox anmutende Kursentwicklungen kommen verschiedene Ursachen in Frage. Ein möglicher Grund sind die sogenannten Flüsterschätzungen der

Analysten, die unmittelbar vor der Bekanntgabe vielleicht nochmals angepasst werden und als Kurstreiber in Erwartung noch besserer Zahlen fungieren können. Am Tag der Veröffentlichung der Geschäftszahlen sind diese dann „nur" noch eine Bestätigung dessen was der Markt bereits antizipiert hat und in den Kursen bereits eingepreist wurde. Gut oder besser ist in so einem Fall nicht gut genug, um zusätzliche Kaufeuphorie auszulösen. Daher sollten Sie vorsichtig sein, wenn eine Aktie bereits im Vorfeld des Veröffentlichungstermins eine deutliche Kursrally vollzogen hat. Hier kann es auch mal nicht schaden Gewinnmitnahmen in Betracht zu ziehen.

Letzten Endes ist es sehr schwierig genau einzuschätzen, wie der Markt und damit der Aktienkurs reagieren wird. Hilfreich ist es darauf zu achten wie die Zahlen von Wettbewerbern ausfallen, und wie der Markt darauf reagiert. Eine weiterer wichtiger Einflussfaktor ist zudem das aktuelle Börsensentiment. Ist die allgemeine Marktstimmung während der Berichtssaison übergeordnet eher negativ, ist davon auszugehen, dass Geschäftszahlen von den Marktteilnehmern besonders kritisch betrachtet werden.

Zusammenhänge erkennen kann sich lohnen

Bei all diesen schwer vorhersehbaren Rahmenbedingungen stellt sich die Frage: Besser die Füße stillhalten während der Berichtssaison oder was ist zu tun? Grundsätzlich ist zu sagen, dass es den optimalen Einstiegszeitpunkt an der Börse nicht gibt, aber meiner Meinung nach bietet die Berichtperiode für Anleger auch sehr gute Chancen, wenn sie die oben erwähnten Punkte berücksichtigen. Logische Zusammenhänge zu erkennen und entsprechend zu agieren kann in dieser Zeit durchaus lohnend sein. Ein Beispiel dazu: Wenn über das abgelaufene vierte Quartal eines Jahres berichtet wird, stehen immer wieder die Unternehmen im Mittelpunkt die vom Weihnachtsgeschäft besonders profitieren. Es könnte aus Aktionärssicht also sinnvoll sein, frühzeitig einen Blick auf Aktien aus diesem Sektor zu werfen. Frühzeitig deshalb, da es oft, wie bereits erwähnt, im Vorfeld zur Veröffentlichung der Zahlen zu einer Kursrally kommt.

Wichtig zu wissen:

- Börsennotierte Unternehmen in den USA sind rechtlich dazu verpflichtet in regelmäßigem Abstand ihre Geschäftszahlen zu veröffentlichen und einen Ausblick auf die kommende Geschäftsperiode abzugeben. Aber auch die Mehrheit der Unternehmen aus anderen Ländern veröffentlichen regelmäßig ihre Bilanzen. Dies geschieht an der Börse alle drei Monate im Rahmen der Berichtssaison.

- Während der Berichtssaison kommt es zu größeren Kursauschlägen bei den Aktienkursen. Je nachdem ob das veröffentlichte Zahlenwerk die Markterwartungen trifft, übertrifft oder verfehlt. Sogenannte Flüsterschätzungen von Analysten, aber auch Zahlen von Wettbewerbern können bereits vorab zu deutlichen Kursbewegungen bei einer Aktie führen.

- Einige Unternehmen haben abweichende Geschäftsjahre. Bei Nike endet das vierte Quartal am 31. Mai eines Jahres.

Informationen im Internet:

https://www.n-tv.de/wirtschaft/termine/

Chartanalyse – Grundlage für Erfolgreiches Traden

Wenn es um den Kauf von Wertpapieren geht, orientieren sich viele Anleger an den harten Fakten, sprich den Fundamentaldaten einer Aktie, also Umsatz, Gewinn, Verbindlichkeiten usw. Den Fokus darauf zu richten ist auch absolut richtig. Dennoch ist es empfehlenswert und lohnend sich mit der Analyse von Aktiencharts näher zu beschäftigen. Insbesondere wenn Sie vielleicht beabsichtigen auch einmal als kurzfristig orientierter Trader an der Börse zu agieren. Die Anzahl der technischen Analysten, die sich unter anderem mit der Chartanalyse beschäftigen, zeigt, welcher Stellenwert dieser Thematik zugemessen wird.

Zugegeben auf den ersten Blick sind Aktiencharts und deren Interpretation eine komplexe und für Börsenneulinge eher schwer zu verstehende Thematik. Aber für den Erfolg an der Börse ist es wichtig sich damit näher zu beschäftigen. Sie erarbeiten sich so nochmals ein tieferes Verständnis und bekommen mehr Sicherheit, wenn es um die Entscheidung geht, kaufe oder verkaufe ich. Dieses Kapitel vermittelt Ihnen einen kleinen Einblick in die Welt der Chartanalyse. Wer sich umfassender dazu informieren möchte findet am Ende des Buches eine Leseempfehlung.

Was versteht man unter Chartanalyse?

Die Chartanalyse gehört zur Technischen Analyse und dient dazu die historische Entwicklung von Wertpapieren oder Indizes zu untersuchen. Dazu werden Kursverläufe grafisch dargestellt, um die zeitliche Entwicklung der historischen Kurse besser betrachten zu können. Selbstverständlich findet die Chartanalyse auch für viele andere Finanzprodukte Anwendung, wie zum Beispiel für Anleihen, Fonds, Rohstoffe oder Währungen. Zielsetzung der Chartanalyse ist es bestimmte Schlussfolgerungen ziehen zu können, die bei der Entscheidung helfen können, ob ein Kauf oder Verkauf sinnvoll erscheint. Glücklicherweise muss man heute nicht mehr den Aufwand betreiben und die historischen Kurse von Aktien oder Indizes an einer Zeitachse abtragen, um Chartbilder mit Kurven (Linien) erstellen zu können, die die Schlusskurse einer abgelaufenen Periode anzeigen.

Heute ist es blitzschnell mit ein paar Mausklicks möglich sich jeden beliebigen Aktienchart auf dem Bildschirm anzeigen zu lassen. Auf den Internetseiten jedes Onlinebrokers kann über das entsprechende Tool interaktiv der gewünschte Chart aufgerufen werden. Man muss nur noch auswählen was man genau betrachten möchte: einen Tages-, Wochen-, Monats-, oder Jahreschart.

Betrachtet man nun einen historischen Linienchart, wie den der Apple Aktie (Abb.1), gewinnt man daraus erst einmal keine tiefergehenden Erkenntnisse. Interessant wird es erst, wenn man mit dem Chart anfängt zu arbeiten. Zum Beispiel kann ein Vergleichschart eingefügt werden, um zu sehen, ob die Apple Aktie besser oder schlechter performte als der Index, in dem die Aktie gelistet ist. Technische Analysten sprechen, je nach Entwicklung von einer Unter- oder Outperformance der Aktie gegenüber dem Index und oft ist dann auch die Argumentation zu hören, dass das Wertpapier gegenüber dem Index noch Nachholpotential hat. Aber das hängt selbstverständlich nicht allein vom Chartbild, sondern von vielen weiteren Einflussfaktoren ab.

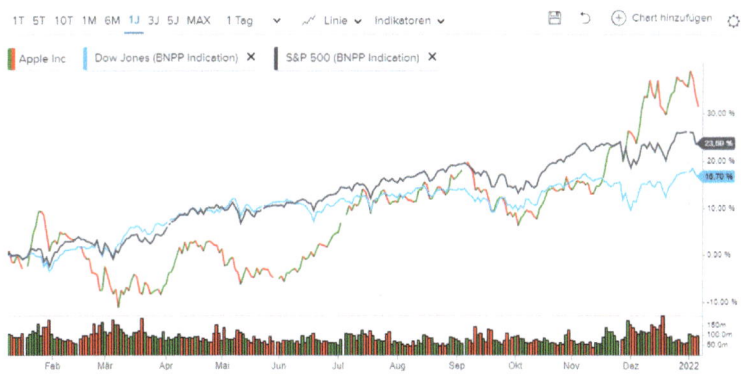

Abb.1: Apple Aktie im Vergleich mit Dow Jones und S&P500
Quelle: www.consorsbank.de

Deutlich mehr Aussagekraft haben Chartbilder, wenn man sie mit Indikatoren verknüpft. Einer der wichtigsten in der technischen Analyse ist der Moving Average, auch als gleitender Durchschnitt bzw. Trendindikator bekannt.

Der Moving Average – der Trendindikator in der Chartanalyse

Der gleitende Durchschnitt ist ein von vielen Tradern benutzter Indikator, um charttechnische Unterstützungen oder Widerstände zu identifizieren und so entsprechend ihre Handelsstrategie ausrichten zu können.

Wenn Technische Analysten vom 50- oder 200-Tage-Durchschnitt sprechen, ist damit entweder der Simple Moving Average (SMA) oder der Exponential Moving Average (EMA) gemeint. Der Simple Moving Average ist nichts weiter als der durchschnittliche Kurs über eine bestimmte Zeitspanne hinweg. Er wird berechnet, indem alle Schlusskurse dieser Zeitspanne addiert und durch die Anzahl der Tage der gewählten Zeitspanne geteilt werden. Üblich sind 50 oder 200 Tage, deshalb ist auch oft von der viel zitierten 200-Tage Unterstützungs-, oder Widerstandslinie die Rede, wenn sich Analysten zu bestimmten Aktien äußern. Beim EMA zählen im Vergleich zum SMA die letzteren Werte stärker als die früheren. Letztendlich sind die Unterschiede zwischen den beiden Varianten aber eher gering.

Der gleitende Durchschnitt ist ein viel beachteter Indikator, denn er unterstützt bei der Trendbestimmung von Basiswerten. Mit seiner Hilfe werden kurzfristige Ausreißer im Chart eliminiert und man versucht mit dieser Linie Schlussfolgerungen über den weiteren Kursverlauf zu ziehen. Viele Analysten interpretieren die 200-Tage-Linie wie folgt: Liegt der aktuelle Kurs einer Aktie über dem 200-Tage-Durchschnitt deutet dies auf einen Aufwärtstrend der Aktie hin. Fällt der Aktienkurs unter die 200-Tage-Linie ist ein Abwärtstrend wahrscheinlich. Als Privatanleger können Sie also diesen Indikator nutzen, um Kauf- bzw. Verkaufssignale aus der Chattechnik zu erhalten.

Hilfreich ist die Linie auch, wenn Sie mit Stop-Loss-Orders bei ihren Aktien arbeiten. Viele Anleger platzieren mit dieser Order-Art ein Verkaufslimit etwas unterhalb der 200-Tage-Linie, da sie davon ausgehen, wenn diese unterschritten wird, dass die Aktie noch weiter fallen wird. Eine Stop-Loss-Order hilft mögliche Verluste zu begrenzen, für den Fall, dass dieses Szenario eintritt. Sobald der Aktienkurs einen definierten Stop-Preis erreicht, wird eine Market-Order ausgelöst, und das Wertpapier wird schnellstmöglich verkauft. Mehr zu diesem Thema erfahren Sie auch im Kapitel Limit-Order.

Abb.2: Apple Aktie im Vergleich mit der 200-Tage-Linie
Quelle: www.consorsbank.de

Der RSI-Indikator – interessant für kurzfristige Trader

Der von Welles Wilder Jr. entwickelte RSI steht für relative Stärke Index (englisch: relative strength index) und ist ein wichtiger Indikator in der technischen Analyse und ist auch als Momentum-Indikator bekannt, da er die Dynamik von zugrundeliegenden Assets misst.

Im RSI wird das Verhältnis der Aufwärts- zu den Abwärts-Schlusskursen innerhalb des Betrachtungszeitraums berechnet. Das Ergebnis liegt jeweils in einem Intervall zwischen 0 und 100. Mit dem RSI versucht man zu erkennen, ob zum Beispiel eine Aktie eine Übertreibung im Kursverlauf aufweist und sie stark überkauft oder überverkauft ist. Zur

Berechnung des RSI wird üblicherweise auf einen Zeitraum von 14 Tagen zurückgegriffen, es gibt aber auch Modelle, die sich auf andere Zeitintervalle beziehen. Die Chartmodule bei vielen Online-Brokern, wie zum Beispiel auch bei der Consorsbank ermöglichen es sich den RSI zu sämtlichen Basiswerten anzeigen zu lassen, ohne dass man selbst rechnen muss. Wichtig ist die Interpretation des RSI-Wertes. Chartanalysten unterstellen dabei folgende Annahmen:

- Steigt der RSI-Wert in die Zone oberhalb von 70 an, liegt ein überkaufter Markt/Aufwärtstrend vor und die Risiken einer zumindest temporären Korrektur steigen.

- Fällt der RSI-Wert in die Zone unterhalb von 30 deutet dies auf einen überverkauften Markt/Abwärtstrend hin und auf die Chance, dass es zu einer kurzfristigen Erholung kommt.

Der RSI-Indikator ist in erster Linie hilfreich, um Extremzustände (überkaufte und überverkaufte Marktsituationen) zu erkennen. Da der RSI ein sehr schnell reagierender Indikator ist, eignet er sich besonders für das Daytrading. Gerade hier ist er ein unverzichtbares Hilfsmittel, um Ausstiegs- und Wiedereinstiegssignale besser antizipieren zu können.

Golden Cross – eines der stärksten Kaufsignale

Das Golden Cross ist eines der stärksten Kaufsignale in der Chartanalyse. Viele Trader interpretieren dieses Kreuz als Kaufsignal und decken sich entweder mit Aktien ein und/oder gehen aufgrund der Stärke dieses Signals sogar mit Zertifikaten auf den entsprechenden Basiswert long (d.h. sie spekulieren darauf, dass die Kurse steigen werden).

Das Golden Cross erkennt man in den Charts daran, dass die 50-Tage-Linie der gleitenden Durchschnitte die 200-Tage-Linie von unten nach oben durchbricht. Analysten sprechen dann davon, dass eine Aktie durch das Kreuzen dieser Linien ein starkes Kaufsignal mit diesem

Schnittpunkt generiert hat und in Folge mit einer Aufwärtsbewegung zu rechnen ist.

Wichtig zu wissen:

- Neben den Fundmentaldaten einer Aktie sollte man sich auch unbedingt mit den Chartbildern auseinandersetzen. Diese liefern wichtige Erkenntnisse, ob sich der Kauf oder Verkauf einer Aktie lohnen könnte.

- Der Moving-Average, auch 200-Tage-Durchschnittslinie genannt, ist der Trendindikator schlechthin, und gibt wertvolle Hinweise bezüglich eines bestehenden Aufwärts- oder Abwärtstrends einer Aktie.

- Der RSI-Indikator deutet auf Extremsituationen hin, und eignet sich insbesondere im Daytrading, um Einstiegs- und Ausstiegs-zeitpunkte besser antizipieren zu können.

- Das Golden Cross ist mit das wichtigste Kaufsignal aus der tech-nischen Chartanalyse und viele Analysten empfehlen eine Aktie zum Kauf, wenn dieses Signal auftritt.

Dividenden – Erfolgsbeteiligung für Aktionäre

Betrachtet man die Motive von Privatanlegern, warum sie sich an der Börse engagieren, dann ist eines der häufigsten Argumentationen, dass sie versuchen über Kurssteigerungen Gewinne zu erzielen, um so ihr Kapital vermehren zu können. Das bedeutet aber, man muss sich aktiv um seine Geldanlage kümmern und Entscheidungen treffen, die mitunter nicht immer zum Ziel, sprich zu einem Gewinn führen. Für viele erfahrene Börsianer und insbesondere für diejenigen, die über einen hohen Kapitalstock verfügen, spielen Dividendenzahlungen, oft auch als passives Einkommen bezeichnet, eine wichtige Rolle in ihrer Anlagestrategie.

Bei diesen Einkünften ist keine direkte Gegenleistung zu erbringen. Egal, ob Sie auf Reisen sind oder einfach dem Nichtstun frönen, die Dividendenzahlungen fließen auf Ihr Konto, ohne dass sie aktiv daran arbeiten. Doch ganz so einfach wie es auf den ersten Blick vielleicht ausschaut, ist es dann auch nicht. Es gibt einige Fallstricke zu beachten, damit die Dividendenjagd am Ende auch von Erfolg gekrönt ist. In diesem Kapitel lernen Sie auf was es zu achten gilt.

Was ist eine Dividende?

Unter einer Dividende wird eine Gewinnbeteiligung an einer Aktiengesellschaft verstanden. Aktionäre, die Eigentümer der Aktien, erhalten je nach Regelung einmal oder mehrmals im Jahr Dividenden, also Ausschüttungen, wenn Unternehmen wirtschaftlich erfolgreich sind. Es ist, wenn man so will, eine Erfolgsbeteiligung für die Aktionäre. Allerdings kann diese Erfolgsbeteiligung jedes Jahr eine andere Höhe haben. Wieviel tatsächlich an die Aktionäre ausgezahlt wird, darüber wird zwischen Vorstand und Aktionären auf der jährlich stattfindenden Hauptversammlung beschlossen. Was viele Anleger nicht wissen oder vielleicht gerne verdrängen: sie haben keinen Rechtsanspruch auf die Auszahlung der Dividende. Gerade in Krisenzeiten wie in der aktuellen Corona-Pandemie haben viele Unternehmen ihre Dividende gekürzt oder gar ganz gestrichen. Dieses Ausfallrisiko schwingt also immer mit.

Dividenden von deutschen Unternehmen

Für deutsche Unternehmen ist der Sachverhalt recht einfach. Hier gibt es einen Auszahlungstermin für die Dividende im Jahr, den der Anleger im Blick haben muss. Aktionäre erhalten die auf der Hauptversammlung beschlossene Dividende, wenn das entsprechende Wertpapier zum Tagesende des Dividenden-Stichtags in seinem Depot liegt. Dieser Stichtag liegt immer einen Handelstag vor dem sogenannten Ex-Tag. Das ist der Tag, ab dem eine Aktie ohne das Recht auf die Dividende gehandelt wird. In Deutschland folgt der Ex-Tag direkt auf die Hauptversammlung. Damit fällt der Dividenden-Stichtag auf den Tag der Hauptversammlung. Die tatsächliche Auszahlung der Dividende auf das Konto des Aktieninhabers kann teilweise mehrere Wochen oder gar Monate dauern. Das hängt ganz von der Regelung des ausschüttenden Unternehmens ab.

Dividende von ausländischen Unternehmen

Grundsätzlich gilt für ausländische Unternehmen dasselbe, d.h. die Aktionäre haben Anspruch auf Dividende, wenn sie Aktien vor dem Ex-Tag in Ihrem Depot haben. Um die Dividende nicht zu gefährden, dürfen die Aktien erst nach der Ex-Notierung wieder verkauft werden.

Ein wesentlicher Unterschied zu deutschen Unternehmen ist die Häufigkeit der Dividendenzahlung. Bei angelsächsischen Unternehmen ist es üblich, mehrmals im Jahr eine Dividende auszuschütten, entweder halbjährlich oder quartalsweise. Aus diesem Grund ist es bei diesen Unternehmen wenig sinnvoll sich an der Hauptversammlung zu orientieren. Stattdessen sollten Anleger die wichtigen Ex-Tage selbst ermitteln. Informationen dazu findet man in den Quartalsberichten oder auf den Investor Relations Seiten der Unternehmen. Wird lediglich der sogenannte Record-Day genannt, können Anleger den Ex-Tag hieraus selbst ableiten. Dieser liegt in Nordamerika zwei Handelstage vor dem Record-Day, in Europa einen Tag davor. Wer die Aktien des Unternehmens erst am

Record-Day kauft, hat keinen Anspruch auf Dividendenzahlung bei der aktuellen Ausschüttungsperiode und erhält erst am nächsten Zahlbarkeitstag wieder eine Dividende.

Worauf es bei der Auswahl der Dividendenpapiere ankommt

Bevor ich hier vor allem auf zwei Punkte eingehe, die meiner Meinung nach besonders wichtig sind, um die richtigen Dividendenpapiere zu finden zunächst einmal ein grundsätzlicher Hinweis. Die höchsten Dividendenzahler an der Börse sind die sogenannten Value-Titel, das heißt die Unternehmen, die über eine solides Geschäftsmodell verfügen und am Markt nachhaltig erfolgreich agieren. Aufgrund der Tatsache, dass diese Unternehmen in der Regel eine gute Ertragskraft haben, müssen Anleger hier auch weniger befürchten, dass eine auf der Hauptversammlung beschlossene Dividende gekürzt oder gar gestrichen wird. Anders sieht es hingegen bei den Wachstumswerten, insbesondere bei den Technologie-Aktien aus. Diese zahlen, wenn überhaupt nur eine sehr geringe Dividende. Als Anleger sollten Sie sich darüber im Klaren sein, dass es in diesem Börsensegment nur wenige hochkarätige Dividendenzahler gibt.

Der erste Punkt, auf den Sie achten sollten, wenn Sie ein Unternehmen in Ihr Depot kaufen möchten, von dem Sie sich eine solide Dividendenzahlung versprechen, ist der Blick in die Vergangenheit. Es spricht für das Unternehmen, wenn es über Jahre hinweg solide eine Dividende an seine Aktionäre ausbezahlt hat. In diesem Zusammenhang spricht man auch von Dividendenaristokraten. Diese Unternehmen zahlen ihren Aktionären über längere Zeiträume steigende Dividenden aus. Bei US-Unternehmen muss das etwa für mindestens 25 Jahre der Fall sein.

Der zweite wichtige Punkt, auf den es ankommt, betrifft die langfristigen Wachstumsaussichten des Unternehmens. Denn es ist wenig zielführend, nur nach der maximalen Dividendenhöhe zu schielen und dabei die fundamentalen Aussichten außer Acht zu lassen. Im Worst Case fällt die Aktie und selbst die Dividendenzahlung kann den Kursverlust nicht kompensieren. Ein Unternehmen sollte daher sowohl mit seiner

Dividendenpolitik als auch mit seinen Geschäftszahlen überzeugen. Dann haben Sie eine reelle Chance auf Dividendenzahlung plus Kursgewinn.

Wichtig zu wissen:

- **Dividende bei deutschen Unternehmen:** Um die Dividende zu erhalten müssen Aktionäre spätestens am Tag der Hauptversammlung die Aktie in ihrem Depot haben.

- **Dividende bei ausländischen Unternehmen:** Anleger müssen die Aktien vor dem Ex-Tag in ihrem Depot haben. Der Ex-Tag ist der Tag, ab dem eine Aktie ohne das Recht auf die Dividende gehandelt wird.

- **Ausschüttungstermine:** Während deutsche Unternehmen einmal im Jahr Dividende an ihre Aktionäre ausschütten, zahlen die meisten Unternehmen in Australien, Großbritannien und den USA mehrmals im Jahr eine Dividende an ihre Aktionäre aus. Anleger müssen hier mehrere Stichtage im Auge behalten.

- **Dividendenaristokraten:** Viele Anleger vertrauen den sogenannten Dividendenaristokraten. Das sind Unternehmen, die über längere Zeiträume hinweg steigende Dividenden an ihre Aktionäre auszahlen. Bei US-Unternehmen muss das etwa für mindesten 25 Jahre der Fall sein.

Informationen im Internet:

www.aktienfinder.net/dividenden-kalender
Hier sind über 1000 Dividendenaktien gelistet und man hat die Möglichkeit seinen eigenen Dividendenjahreskalender zu planen.

Derivate – Finanzprodukte für Fortgeschrittene

Viele Privatanleger, die an der Börse ihr Geld investieren, tun das in erster Linie über Aktien und börsengehandelte Fonds. Es sind die Finanzprodukte, die mit am besten geeignet sind, um bei einem vernünftigen Chance-Risiko-Verhältnis langfristig einen Vermögenszuwachs zu erreichen. Neben diesen klassischen Assetklassen bietet die Börse eine Vielzahl weiterer Investitionsmöglichkeiten, die allerdings meist mit einem signifikant höheren Risiko verbunden sind. Aus diesem Grund engagieren sich vorwiegend institutionelle Investoren auf dem Derivatemarkt, auch wenn in der jüngsten Vergangenheit immer mehr Privatanleger dieses Segment für sich entdeckt haben. Die Tatsache, dass Banken den Handel mit derivativen Finanzprodukten in die höchste Risikoklasse einstufen und Sie als Privatanleger ein entsprechendes Aufklärungsblatt zu den Verlustrisiken unterschreiben müssen, zeigt vor allem eines: Hier ist Fachwissen und praktische Erfahrung eine absolute Grundvoraussetzung.

Ich vergleiche das gerne mit dem Automarkt. Jeder der einen Führerschein hat, ist in der Lage ein Fahrzeug zu steuern. Das Risiko einen Unfall zu haben schwingt dabei immer mit. Aber wie ist der Sachverhalt zu bewerten, wenn es sich bei dem Fahrzeug um einen hochgetunten Sportboliden mit über 200PS handeln würde? Ich gehe mal stark davon aus, dass ohne vorherige Fahrpraxis das Unfallrisiko deutlich ansteigt.

Genauso verhält es sich beim Handeln mit derivativen Produkten. Das Risiko für ungeübte Trader ist hoch, da diese Finanzprodukte teils sehr komplex sind und in ihrer Wirkungsweise nicht einfach zu verstehen sind. Nichtsdestotrotz können auch Privatanleger den Handel mit derivativen Produkten erlernen. Dieses Kapitel vermittelt Ihnen einen groben Überblick über das Thema Derivate. Wer hier tiefer ins Detail einsteigen möchte findet mehr Informationen in entsprechender Fachliteratur.

Das Grundprinzip von derivativen Finanzprodukten

Der Begriff Derivate und damit sind derivative Finanzprodukte gemeint, ist ein Sammelbegriff für verschiedene Finanzinstrumente wie Aktienanleihen, Futures, Knock-Out-Hebelprodukte, Optionsscheine, Swaps und Zertifikate, um die wichtigsten zu nennen. Die Besonderheit bei diesen Finanzprodukten ist, dass sich ihre Preise aus der Wertentwicklung eines zugrunde liegenden Basiswerts (zum Beispiel, Aktie, Index, Währung oder Rohstoff) ableitet (lateinisch „derivare" = ableiten).

Im Gegensatz zu Aktien, bei denen Sie nur den Kurs des Wertpapiers, das sie besitzen verfolgen müssen, handelt es sich bei Derivaten um sogenannte strukturierte Wertpapiere, da diese vom Emittenten aus verschiedenen Finanzinstrumenten zusammengesetzt werden. Das hat zur Folge, dass sich daraus eine neue Struktur und damit neue Eigenschaften (zum Beispiel besondere Schutzmechanismen) für das so geschaffene derivative Finanzprodukt ergeben. Wer in Derivate investiert, muss neben dem zugrunde liegenden Basiswert darüber hinaus auch die genaue Funktionsweise des derivativen Produktes kennen. Hier lauern für Unwissende genügend Fallstricke, wie zum Beispiel die Laufzeitbegrenzung oder die Knock-Out-Barriere bei Hebelprodukten.

Wichtig zu wissen: Rechtlich gesehen handelt es sich bei den derivativen Finanzprodukten wie zum Beispiel den Zertifikaten oder Optionsscheinen um Inhaberschuldverschreibungen. Daher muss ein Anleger im Unterschied zu Investmentfonds das Risiko beachten, dass der Emittent zahlungsunfähig werden kann und die Gelder nicht durch die Einlagensicherung geschützt sind. Je nach Ausgestaltung richten sich Zertifikate an sicherheitsorientierte Investoren (wenn sie einen Kapitalschutz aufweisen) oder an risikofreudige Anleger (wenn sie mit einem Hebel ausgestattet sind).

Optionen und Futures: Riskant und nur für Profis geeignet

Eine Sonderstellung innerhalb der Derivate nehmen die sogenannten Optionen und Futures ein, die an der Terminbörse Eurex gehandelt werden. Zwar können prinzipiell auch Privatpersonen diese Finanzprodukte handeln, sofern Sie ein Depot bei einer Bank besitzen, die mit der Eurex verbunden ist. Allerdings sind die Geschäfte mit Optionen und Futures hochriskant. Hier können Sie als Anleger Gefahr laufen, dass der Verlust sogar Ihren Einsatz übersteigt. Aus diesem Grunde verzichte ich hier auf weitere Ausführungen. In der Praxis engagieren sich vor allem institutionelle Investoren an der Eurex, die Futures und Optionen vor allem zur Absicherung und zur Spekulation nutzen.

Derivative Finanzprodukte im Überblick

Im Wesentlichen lassen sich derivative Finanzprodukte in zwei Kategorien einteilen: In Anlageprodukte und in Hebelprodukte. Im Folgenden eine Klassifizierung wie Sie auch vom deutschen Derivateverband veröffentlicht wird.

Anlageprodukte		Hebelprodukte	
mit Kapital-schutz (100%)	ohne Kapitalschutz (100%)	ohne Knock-Out	mit Knock-Out
Strukturierte Anleihen	Aktienanleihen	Optionsscheine	Knock-Out-Produkte
Kapitalschutz-Zertifikate	Express-Zertifikate	Faktor-Zertifikate	
	Bonus-Zertifikate		
	Index-Zertifikate		
	Outperformance-/ Sprint-Zertifikate		

Abb.3: Klassifizierung derivativer Finanzprodukte
Quelle: Deutscher Derivateverband e.V.

Anlageprodukte mit Kapitalschutz (100%):

Dazu zählen Strukturierte Anleihen und Kapitalschutz-Zertifikate. Bei Strukturierten Anleihen handelt es sich um verzinsliche Wertpapiere, die sich durch unterschiedliche Zusatzbedingungen auszeichnen. Die Höhe des Zinsbetrages kann dabei von der Wertentwicklung des zugrundeliegenden Basiswertes abhängen. Bei Endfälligkeit bieten die Anleihen 100%igen Kapitalschutz. Bei Kapitalschutz-Zertifikaten sichert der Emittent dem Anleger eine Rückzahlung bei Fälligkeit in Höhe des Nennwertes zu. Darüber hinaus besteht die Chance auf eine attraktive Rendite abhängig von der Entwicklung eines oder mehrerer Basiswerte.

Anlageprodukte ohne Kapitalschutz (<100%):

Zu den Anlageprodukten ohne Kapitalschutz zählen unter anderem Aktienanleihen, Bonus-Zertifikate, Discount-Zertifikate, Express-Zertifikate, Outperformance-/Sprint-Zertifikate und Index-/Partizipations-Zertifikate. Mehr Informationen dazu finden Sie im Kapitel Zertifikate.

Hebelprodukte ohne Knock-Out:

Hebelprodukte ermöglichen es bereits mit geringem Kapitaleinsatz überproportional an den Kursbewegungen des Basiswertes zu partizipieren. Sie sind nur für risikofreudige Anleger geeignet, da auch bei geringer gegenläufiger Kursentwicklung des Basiswertes ein Totalverlust des Investments möglich ist. Zu den Hebelprodukten ohne Knock-Out zählen Optionsscheine oder Faktor-Zertifikate. Mehr Informationen zu Optionsscheinen finden Sie im gleichnamigen Kapitel.

Hebelprodukte mit Knock-Out:

Grundsätzlich gilt hier dasselbe wie bei den Hebelprodukten ohne Knock-Out. Zu dieser Produktkategorie zählen die Knock-Out-Zertifikate, auch als Turbos bekannt. Heute gibt es Knock-Out-Produkte in verschiedenen Konstruktionen mit unterschiedlichen Namen. Diese lauten zum Beispiel Turbo-Zertifikate, Mini-Future Zertifikate oder auch Turbo-Optionsscheine. Wichtig zu wissen: Knock-Out-Zertifikate entstanden aufgrund der Tatsache, dass der Handel mit Standard-Optionsscheinen bei vielen

Tradern aufgrund der ungenauen Preisberechnung (hervorgerufen durch implizite Volatilitäten) zu großer Unzufriedenheit führte. Aus diesem Grund wurden von den Emittenten die Knock-Out-Produkte entwickelt, die eine viel transparentere Preisbildung im Vergleich zu den Optionsscheinen vollziehen.

Die Frage bei Derivaten: Long oder Short?

Wer sein Geld in derivative Hebelprodukte investiert kommt an folgender Frage nicht vorbei: Positioniere ich mich long oder besser short? Die beiden Begriffe stehen synonym für die Erwartungshaltung, die Sie hinsichtlich der Wertentwicklung eines Basiswertes haben. An der Börse gibt es grundsätzlich drei mögliche Einschätzungen: Entweder der Markt, sprich die Kurse steigen, sie fallen oder ich gehe von einer Seitwärtsbewegung aus. Grundsätzlich gibt es für jede Richtung, die der Markt vollziehen kann, ein passendes Finanzprodukt. Wenn wir die Seitwärtsbewegung ausklammern, sind die häufigsten Spekulationen, die von Tradern eingegangen werden, die Wetten auf steigende, bzw. fallende Kurse oder Indizes. Wer sich long positioniert, also steigende Kurse oder Indizes erwartet, kauft entsprechende Produkte mit der Bezeichnung long oder call. Im umgekehrten Fall lauten die Bezeichnungen short oder put.

Wichtige Besonderheiten von Derivaten:

Termingeschäftsfähigkeit:
Banken fordern die sogenannte Termingeschäftsfähigkeit ein. In der Praxis sieht das so aus, dass Sie von Ihrer Bank in Form eines Informationsblattes zu den Risiken, die bei dieser Art von Geschäften entstehen, informiert werden. Das Aufklärungsblatt muss von Ihnen unterschrieben werden. Vorher können keine Geschäfte mit derivativen Produkten getätigt werden.

Derivate funktionieren am besten bei hoher Volatilität:
Insbesondere derivative Finanzprodukte mit eingebauter Hebelfunktion sind so konstruiert, dass sie ihre volle Wirkungskraft entfalten, wenn

Volatilität an den Märkten vorhanden ist, d.h. wenn die Kurse sich besonders stark in die eine oder in die andere Richtung bewegen. Bei seitwärts verlaufenden Märkten sollten Anleger auf speziell für diese Marktsituation entwickelte Zertifikate ausweichen.

Fachwissen und Übung ist ratsam:
Aufgrund der Komplexität dieser strukturierten Finanzprodukte und ihres hohen Verlustrisikos ist es elementar wichtig sich zunächst ein fundiertes Fachwissen anzueignen. Die Deutsche Börse bietet dazu verschiedene Seminare für interessierte Privatanleger an. Um Anfängerfehler zu vermeiden ist es empfehlenswert, das Erlernte im nächsten Schritt über eine Demokonto zu üben.

Emittenten zu vergleichen ist bares Geld wert:
Bei der Auswahl des derivativen Produktes ist unbedingt auf den Spread zwischen An-und Verkaufskurs (Geld und Brief) zu achten. Bevorzugen Sie Emittenten mit einer geringen Spanne, denn gerade bei derivativen Produkten, bei denen oft hohe Stückzahlen gehandelt werden, wirkt sich jeder Cent auf den Gewinn bzw. Verlust aus. Eine Übersicht zu den bekanntesten Emittenten finden Sie im Kapitel Zertifikate.

Börse Stuttgart ist spezialisiert auf den Handel mit Derivaten:
An der Börse Stuttgart ist das Handelssegment Euwax (European Warrant Exchange) auf den Handel von verbrieften Derivaten, wie Optionsscheinen und Zertifikaten spezialisiert. Emittenten von Derivaten sind gegenüber der Euwax verpflichtet, laufend handelbare An- und Verkaufspreise zu stellen. Das bedeutet Sicherheit für den privaten Anleger, dass die Produkte auch jederzeit handelbar sind.

Wichtig zu wissen:

- **Derivate sind komplex in ihrer Funktionsweise:** Bei Derivaten handelt es sich um sogenannte strukturierte Wertpapiere, da diese vom Emittenten aus verschiedenen Finanzinstrumenten zusammengesetzt werden. Wer in Derivate investiert, muss neben dem zugrunde liegenden Basiswert darüber hinaus auch die genaue Funktionsweise des derivativen Produktes kennen.

- **Anlageprodukte mit 100 Prozent Kapitalschutz:** Anlageprodukte sind für Investmentstrategien mit tendenziell mittel- bis langfristiger Orientierung geeignet. Mit Kapitalschutz-Zertifikaten haben Anleger ihr eingesetztes Kapital zum Laufzeitende gesichert.

- **Anlageprodukte ohne Kapitalschutz (<100%):** Zu den Anlageprodukten ohne Kapitalschutz zählen unter anderem Bonus-Zertifikate, Index-/Partizipations-Zertifikate, Aktienanleihen, Discount-Zertifikate, Express-Zertifikate und Outperformance-Zertifikate.

- **Hebelprodukte sind mit Risiko behaftet.** Bereits mit geringem Kapitaleinsatz können Anleger hier überproportional an den Kursbewegungen des Basiswertes partizipieren. Diese Produkte sind nur für sehr risikofreudige Investoren geeignet, die über entsprechendes Fachwissen verfügen.

Informationen im Internet:

https://www.derivateverband.de

ETFs – Produkte für die Altersvorsorge

Manche Dinge, die man so liest, sind schon sehr interessant und teils sogar skurril. So stand doch in einem Artikel der Tageszeitung „Die Welt" vom Januar 2021, dass die Zahl der Internet-Suchanfragen nach dem Wort „Aktie" deutlich stärker als nach dem Wort „Sex" steigt. Daraus könnte man jetzt zwei mögliche Schlussfolgerungen ziehen. Möglichkeit eins: bei den Deutschen herrscht Flaute im Bett. Oder aber und das wäre die zweite Folgerung: Die Deutschen sind vom Aktienfieber infiziert worden. Vermutlich liegt die Wahrheit irgendwo in der Mitte.

Fakt ist, dass die Wertpapierhandelsbanken einen Kundenansturm seit 2020 erleben. Viele der sogenannten Neobroker haben innerhalb kürzester Zeit Hunderttausende neue Kunden gewonnen. Insbesondere viele junge Leute zeigen ein starkes Interesse an dieser Form der Geldanalage. Was nicht wundert, denn in Zeiten der Null- bzw. Negativzinspolitik, in der Sparbücher und Festgelder keine Rendite abwerfen bleibt nur der Aktienmarkt als Alternative übrig. Auch die Mahnungen der Politik an die Bevölkerung, man müsse auch privat vorsorgen, trägt dazu bei, dass sich in Deutschland allmählich ein zartes Pflänzlein, das sich Aktienkultur nennt, entwickelt.

In diesem Kontext erfreut sich ein Finanzprodukt an der Börse immer größerer Beliebtheit. Die Rede ist von den sogenannten ETFs (Exchange Traded Funds). Sie werden von vielen Banken für die private Altersvorsorge beworben. Erfahren Sie in diesem Kapitel alles Wissenswerte zu dieser Anlageform.

Was versteht man unter ETFs?

Ein ETF (Exchange Traded Fund) ist ein börsengehandelter Indexfonds, der die Performance eines Index (zum Beispiel DAX oder S&P500) 1:1 nachbildet. Aus diesem Grund werden ETFs auch als passive Fonds bezeichnet. Das Gegenteil zu ETFs sind aktiv gemanagte Fonds, bei denen die Aktienzukäufe nach bestimmten vom Fondsmanager festgelegten Kriterien stattfinden.

Aus Anlegersicht besteht der wesentliche Vorteil bei ETFs darin, dass mit einem einzigen Produkt in die Wertentwicklung eines ganzen Index investiert werden kann. Statt mühseliges Stockpicking betreiben zu müssen, partizipieren Sie durch den Kauf eines ETFs an der Gesamtperformance aller Indexmitglieder. Ein ETF auf den deutschen Aktienindex DAX deckt folglich die Performance von 40 Wertpapieren ab. Beim marktbreiten US-Index S&P500 sind es rund 500 Aktien, die ein ETF auf diesen Index abbildet. Gerade für Privatanleger, die wenig Zeit haben, um sich vertiefend mit Einzeltiteln zu beschäftigen, ist ein ETF ein dankbares Finanzprodukt. Es genügt ein Blick auf den zugrundeliegenden Referenzindex, um zu wissen, wie es um die Kursentwicklung des ETFs bestellt ist.

ETFs eignen sich für den langfristigen Vermögensaufbau

Aufgrund der Tatsache, dass sich Indizes je nach Börsenphase mal gut und mal schlecht entwickeln, eignen sich Investments in ETFs insbesondere für langfristige Zeiträume. Blickt man in die historische Performance der großen Aktienindizes, wie Dax und Dow Jones, zeigt sich, dass sich diese bei einem Anlagehorizont von 10 Jahren und länger, über die letzten Jahrzehnte betrachtet letzten Endes immer positiv entwickelt haben. Konkret heißt das, wenn Sie nur genügend Geduld und Ausdauer besitzen, verhagelt Ihnen langfristig gesehen auch kein Aktiencrash Ihre zu erwartende Rendite an der Börse.

Jedoch müssen Sie sich darüber im Klaren sein, dass ein ETF zwischenzeitlich, je nach Marktsituation, auch einmal deutlich an Wert verlieren kann. Anders als beim kurzfristigen Traden ist der Einstiegszeitpunkt, um in einen ETF zu investieren jedoch zweitrangig. Die Gelder, die in einen ETF fließen, werden ohnehin häufig regelmäßig, wie bei einem Sparplan einbezahlt und das über einen langen Zeitraum. Aus diesem Grund stimmt die Werbung, dass sich ETFs für den langfristigen Vermögensaufbau besonders gut eignen.

Die Anbieter von ETFs

Der Markt für ETFs ist in den letzten Jahren stark gewachsen und immer mehr ETF-Anbieter stehen im Wettbewerb um Kunden. Aus Anlegersicht ist das eine sehr positive Entwicklung. Zum einen ist die Vielfalt der angebotenen ETFs gestiegen und parallel dazu sind zudem die Kosten deutlich gesunken. ETFs werden in der Regel von Banken und speziellen Fondsgesellschaften aufgelegt und an der Börse gehandelt. Als Privatanleger können Sie über Ihre Bank oder Ihren Online-Broker einen ETF bequem von zu Hause aus ordern. Ein Vergleich ist hier lohnend, denn manche Online-Broker bieten ETFs sogar ohne Transaktionskosten für Ihre Kunden an. Einer der bekanntesten und zugleich der weltweit größte ETF-Anbieter ist der Vermögensverwalter BlackRock, der seine Produkte unter der Marke iShares by BlackRock anbietet. Einen guten Überblick zu allen in Deutschland aktiven ETF-Anbietern finden Sie auf den Internetseiten der Finanzportale extraetf bzw. justETF.

Das ist beim Investieren in ETFs zu beachten

Machen Sie sich Gedanken darüber, was ihre Zielsetzung beim Investieren ist. Verfolgen Sie eher die kurz-oder mittelfristige Teilhabe an aktuellen Börsentrends oder möchten Sie eher einen langfristigen Vermögensaufbau erreichen? Stellen Sie sich auch die Frage, wo Sie besondere Wachstumschancen an der Börse sehen. Hier hilft es, Kapitalmarktausblicke aufmerksam zu lesen, die von allen großen Banken publiziert werden. Sind zum Beispiel die US-Aktien unterbewertet, dann spräche das für ein Engagement in einen ETF, der einen amerikanischen Aktienindex abbildet oder gibt es bestimmte Branche (Stichwort Megatrends) die langfristig vielversprechend ist, dann käme ein dafür passender Sektoren-ETF vielleicht in Frage.

Haben Sie die grundsätzlichen Fragen, wie Sie investieren möchten für sich beantwortet geht es im nächsten Schritt darum den passenden ETF zu finden. Unterstützung finden Sie hier bei den bereits erwähnten Finanzportalen. Der Vorteil dieser sehr übersichtlich gestalteten Finanzseiten ist, dass sämtliche auf dem Markt verfügbaren ETFs gelistet sind. Als Anleger haben Sie die Möglichkeit über eine Suchmaske nach verschiedenen Kriterien wie Land, Sektor oder Strategie die ETFs zu filtern. Darüber hinaus bieten diese Seiten auch hilfreiche Zusatzinformationen und weitere Vergleiche an. Besonders nützlich sind die Informationen zur historischen Wertentwicklung eines ETFs, denn das ist aus meiner Sicht mit das wichtigste Auswahlkriterium.

Grundsätzlich haben Sie die Möglichkeit entweder über einen Einmalbetrag in einen bestimmten ETF zu investieren. Oder Sie besparen zum Beispiel monatlich einen ETF-Sparplan. Das hängt in erster Linie davon ab, ob Sie einen langfristigen Vermögenszuwachs planen und darüber hinaus von Ihren finanziellen Möglichkeiten.

Für die eigentliche Umsetzung wird dann lediglich noch ein Wertpapierdepot benötigt. Damit die Rendite nicht unnötig durch hohe Transaktionskosten geschmälert wird empfiehlt sich ein Wertpapierdepot bei einem Online-Broker zu eröffnen. Eine umfassende Anbieterübersicht finden Sie ebenfalls auf den Finanzportalen.

Der MSCI-World ETF – der ETF den man kennen sollte

Sehr häufig wird von Finanzberatern ein ETF auf den MSCI World Index (dieser umfasst über 1.600 Unternehmen) empfohlen, der von allen großen ETF-Anbietern im Markt angeboten wird. Dagegen ist auch nichts einzuwenden, denn gerade für sehr sicherheitsbewusste Anleger ist dieser ETF mit Sicherheit keine schlechte Wahl, setzt man hier doch auf einen sehr breit gestreuten Indexfonds, der die Aktienmärkte der Welt abbildet.

Generell ist dabei noch folgender Punkt zu bedenken, und dieser gilt für alle ETFs: Es gibt thesaurierende und ausschüttende ETFs. Prinzipiell performen ausschüttende ETFs schlechter als wiederanlegende ETFs, weil die Ausschüttungen im Fondsguthaben fehlen. Dafür bekommen Sie allerdings die Dividenden auf ihrem Konto, in der Regel geschieht das einmal jährlich, gutgeschrieben. Welche ETFs auf den MSCI-World Index es gibt, lässt sich bequem auf den Seiten der Finanzportale recherchieren.

Wichtig zu wissen:

- **ETFs bilden einen ganzen Index ab:** Ein ETF (Exchange Traded Fund) ist ein börsengehandelter Indexfonds, der die Performance eines Index (zum Beispiel DAX oder S&P500) 1:1 nachbildet. Aus Anlegersicht besteht der wesentliche Vorteil bei ETFs darin, dass mit einem einzigen Produkt in die Wertentwicklung eines ganzen Index investiert werden kann. Mühseliges Stockpicking entfällt somit.

- **ETFs eignen sich für den Vermögensaufbau:** Die Gelder, die in einen ETF fließen, werden häufig regelmäßig, wie bei einem Sparplan einbezahlt und das über einen langen Zeitraum. Aus diesem Grund stimmt die Werbung, dass sich ETFs für den langfristigen Vermögensaufbau besonders gut eignen.

- **Finanzportale helfen bei wichtigen Fragen:** Wenn es darum geht, den passenden ETF zu finden, historische Performanceentwicklungen zu analysieren, dann finden Sie umfassende Hilfestellung bei den darauf spezialisierten Finanzportalen wie Extraetf bzw. justETF.

- **Der MSCI-World-ETF:** Diesen ETF sollten Anleger kennen. Beinahe jeder ETF-Anbieter hat ihn im Angebot und das aus gutem Grund: Dieser ETF ist ein sehr breit gestreuter Indexfonds, da er die Aktienmärkte der Welt abbildet.

Informationen im Internet:

https://de.extraetf.com
https://www.justetf.com

Fed – Ihre Entscheidungen bewegen die Märkte

Ist in den Nachrichtensendungen von der Fed die Rede (Fed steht für Federal Reserve System) müsste es korrekterweise das Fed lauten. Denn die USA haben nicht nur eine Notenbank, sie haben ein ganzes Notenbanksystem, das „Federal Reserve System", das aus zwölf Einzelbanken besteht. Dennoch hat sich der Begriff die Fed, der als Synonym für „US-Notenbank" steht im allgemeinen Sprachgebrauch durchgesetzt. Wenn es um die vielbeachteten Entscheidungen geht, die die US-Notenbank im Rahmen ihrer regelmäßig stattfindenden Sitzungen verkündet, richtet sich der Blick der Börsianer weltweit nach Washington, denn da hat das Direktorium der Notenbank seinen Sitz.

Unabhängig davon, wie die ganz korrekte Bezeichnung nun lautet, eines steht fest: Die Fed bewegt durch ihre Entscheidungen regelmäßig die Aktienmärkte in die eine oder in die andere Richtung. Warum das so ist und was man als Anleger in diesem Zusammenhang beachten sollte, das erfahren Sie in diesem Kapitel.

Organigramm und Aufgaben der Fed

Gemäß ihrem Organigramm besteht die Fed aus einem Board of Governors, zwölf regional aufgestellten Federal Reserve Banks, einem Federal Open Market Committee (FOMC), vielen Mitgliedsbanken sowie anderen Organisationen. Zwar informiert die Fed den Kongress der USA regelmäßig über ihre Pläne und Aktivitäten zur Geldpolitik, sie trifft aber alle operativen Entscheidungen selbst und eigenständig. Zu den zentralen Aufgaben der US-Notenbank gehören:

- Die Verantwortung für die nationale Geldpolitik,
- Die Überwachung und Regulierung der Bankinstitute sowie der Schutz der Verbraucherrechte in Kreditangelegenheiten,
- Die Gewährleistung der Stabilität des Finanzsystems und

- Die Bereitstellung von Finanzdienstleistungen für US-Regierung, Öffentlichkeit, Finanzinstitutionen und offizielle Institutionen des Auslands

Durch diese Aufgaben ist die Fed zuständig für die Förderung von kontinuierlichem Wachstum, einer niedrigen Arbeitslosigkeit, nachhaltiger Preisstabilität und für die Sicherung der Kaufkraft des US-Dollars. Nur die Fed ist dazu befugt, Geldscheine zu drucken und die Zinspolitik der USA zu steuern.

Die Fed und der Leitzins

Die US-Notenbank steuert aktiv mit sogenannten Offenmarktgeschäften die Geldmenge der USA, indem sie die Geldschöpfung beeinflusst. Das geschieht durch die Festlegung des Leitzinses. Der Leitzins gibt an, zu welchen Konditionen (Zinssatz) sich Geschäftsbanken Kapital bei der Zentralbank, also der US-Notenbank leihen können. Damit ist der Leitzins das wichtigste geldpolitische Instrument, mit dem sich Geldmenge und letztlich die Inflation steuern lässt. Ein Beispiel zur Verdeutlichung:

Nehmen wir an, die Inflationsrate in den USA ist ungewöhnlich niedrig, wodurch die Gefahr einer Deflation droht. Folglich entschließt sich die Notenbank dazu, die Inflation anzukurbeln. Dazu senkt die Notenbank den Leitzins schrittweise. Für Banken wird es dadurch günstiger, sich bei der US-Notenbank Geld zu leihen. Dieses günstige Geld wird wiederum in Form kostengünstiger Kredite an Unternehmen weitergegeben. Durch Investitionen, Einstellungen neuer Arbeitnehmer und erhöhte
Nachfragen ziehen die Preise an. Damit steigt die Inflation. Auch umgekehrt ist dieser Mechanismus möglich. Dann erhöht die Fed den Leitzins, um den Geldfluss zu stoppen.

Leitzinsen und Anlageentscheidungen

Die Leitzinsen beeinflussen maßgeblich die Anlageentscheidungen von Investoren. Sind die Leitzinsen hoch, so können Banken Geld bei der Notenbank zu guten Konditionen sicher anlegen. Das hat wiederum positive Auswirkungen für Privatanleger. Entsprechend hoch sind dann die Zinsen für private Festgeldanlagen, die ebenfalls äußerst sicher sind. Auf der anderen Seite werden Investitionen in deutlich risikoreichere Finanzprodukte wie etwa Aktien weniger lohnend.

Niedrige Leitzinsen oder sogar ein negativer Zinssatz, wie wir ihn in der jüngsten Vergangenheit in den USA und im Euroraum gesehen haben, ist für Aktienmärkte sehr positiv. Statt Strafzinsen zu bezahlen, legen Investoren ihr Geld lieber an der Börse an. Aus diesem Grund werden mögliche Leitzinsänderungen von Börsianern mit Spannung verfolgt. Je nachdem wie die Notenbank sich in ihren Sitzungen äußert, reagieren die Märkte äußerst sensitiv darauf, denn die Aussagen der Fed bestimmen maßgeblich die Anlageentscheidungen von großen institutionellen Anlegern.

Die Sitzungen der US-Notenbank

Wenn in den Nachrichten von der US-Notenbanksitzung die Rede ist, dann ist damit die Sitzung des Federal Open Market Committee (FOMC) gemeint, einer Abteilung der Federal Reserve, die über die Geldpolitik der Vereinigten Staaten entscheidet.

In diesen Tagungen tätigt das FOMC nach einer Erörterung der kurzfristigen Geldpolitik Aussagen darüber, wie es mit der zukünftigen Zinspolitik weitergehen wird und ob Anleiheankäufe weiter ausgedehnt oder reduziert werden. In diesem Zusammenhang spricht man bei einer möglichen Zinsanhebung seitens der Notenbank auch von einer Straffung der Zinspolitik. Die Einflussfaktoren, wie Arbeitslosigkeit, Inflation, lahmender Konsum, die bei den Zinsentscheidungen eine Rolle spielen sind äußerst vielschichtig und werden seitens der Fed auch ausführlich dargelegt.

Aus Anlegersicht spannend ist zu wissen, wann die Sitzungstermine des FOMC sind, denn dann ist regelmäßig mit deutlich Volatilität an den Börsen zu rechnen. In der Regel trifft sich das FOMC achtmal im Jahr. Jede geldpolitische Änderung wird dabei sofort angekündigt, die Protokolle zur Sitzung werden drei Wochen danach veröffentlicht. Die

Sitzungstermine werden auf der Website der Fed veröffentlicht (https://www.federalreserve.gov/monetarypolicy/fomccalendars.htm).

Wenn es im Rahmen der Notenbanksitzung zu einer Zinserhöhung oder -senkung kommt, hat das teils massive Auswirkungen auf die globalen Finanzmärkte und insbesondere die folgenden Teilmärkte reagieren sehr sensitiv auf Aussagen bzw. Entscheidungen der Fed bezüglich ihrer künftigen Zinspolitik:

- Der Devisenmarkt (Forex = Foreign Exchange):
  Jede Zinsänderung wird sich auf den US-Dollar auswirken, die mit Abstand meistgehandelte Währung der Welt

- Der Rohstoffmarkt:
  Da die meisten Rohstoffe wie Edelmetalle und Agrarprodukte in USD gehandelt werden, reagiert auch dieser Markt stark auf Entscheidungen bei der Zinspolitik

- Die Aktienindizes:
  Grundsätzlich gilt der Zusammenhang, dass höhere Zinsen tendenziell schlecht für Aktien sind und niedrigere Zinsen als positives Signal für die Aktienmärkte gesehen werden.

- Der Anleihemarkt:
  Anleihen reagieren sehr sensibel auf Zinsänderungen. Die aktuellen Kurse der Anleihen passen sich den veränderten Marktzinsen entsprechend an

Für Privatanleger ist es wichtig zu wissen, dass institutionelle Investoren versuchen, bei jeder Sitzung der Fed vorherzusagen, wohin die Geldpolitik als nächstes führt. Entsprechend werden Investitionsstrategien und Portfolios angepasst. Je nach Erwartungshaltung führt das teils zu heftigen Veränderungen auf den oben genannten Märkten. Ist man langfristig am Aktienmarkt investiert kann man diesen Sitzungen halbwegs gelassen entgegensehen, für kurzfristig orientierte Trader ist an diesen Tagen allerdings höchste Vorsicht geboten.

Wichtig zu wissen:

- **Mit Fed ist die US-Notenbank gemeint:** Die USA haben nicht nur eine Notenbank, sie haben ein ganzes Notenbanksystem, das „Federal Reserve System", das aus zwölf Einzelbanken besteht. Dennoch hat sich der Begriff „die Fed", der als Synonym für „US-Notenbank" steht im allgemeinen Sprachgebrauch durchgesetzt.

- **Die Fed legt den Leitzins fest:** Der Leitzins gibt an, zu welchen Konditionen (Zinssatz) sich Geschäftsbanken Kapital bei der Zentralbank, also der US-Notenbank leihen können. Es ist das wichtigste geldpolitische Instrument, mit dem sich Geldmenge und letztlich die Inflation steuern lässt.

- **Leitzinsen beeinflussen die Anlageentscheidungen:** Grundsätzlich gilt der Zusammenhang, dass höhere Leitzinsen tendenziell schlecht für Aktien sind und niedrigere Zinsen als positives Signal für die Aktienmärkte gesehen werden. Aktien-, Anleihe-, Devisen-, und Rohstoffmärkte reagieren sehr sensitiv auf Zinsänderungen.

Informationen im Internet:

https://www.federalreserve.gov/monetarypolicy/fomccalendars.htm

Gold – Mehr als nur Inflationsschutz

Gold übt schon seit Jahrhunderten, eine ganz besondere Magie auf die Menschen aus und erfüllt dabei verschiedene Funktionen, vom Zahlungsmittel bis hin zum Spekulationsobjekt an der Börse. Das gelbe Edelmetall gilt allgemein als wertbeständig und als sicherer Hafen in Krisenzeiten, insbesondere bei Inflationstendenzen und erfreut sich bei vielen Anlegern dauerhafter Beliebtheit. Allgemein bekannt und verbreitet ist der Kauf von physischem Gold in Form von Goldbarren, Münzen oder Schmuck, aber auch die Börse bietet Privatanlegern vielfältige Möglichkeiten, um in das Edelmetall zu investieren. Letzten Endes hängt die Investitionsentscheidung davon ab, welche Zielsetzung, sprich Anlagestrategie verfolgt wird. In diesem Kapitel lernen Sie welche Möglichkeiten es grundsätzlich gibt, um an der Wertentwicklung von Gold zu partizipieren.

Kauf von physischem Gold

Dies geschieht üblicherweise in Form von Schmuck, Münzen oder Barren. Schmuck ist aufgrund seiner Verarbeitung teurer als der einfache Goldbarren, erfüllt dafür aber einen repräsentativen Zweck. Beim Kauf von Goldbarren sollten Sie auf eine geeignete Stückelung achten, denn zu kleine Mengen sind oft mit einem hohen Zuschlag auf den eigentlichen Goldpreis verbunden. Eine Stückelung bietet zudem den Vorteil, dass Sie in Zeiten, wenn Barmittel benötigt werden, einfach Teilverkäufe ihres Goldbestands realisieren können.

Physisches Gold können Sie entweder über Banken erwerben, die auf den Goldhandel spezialisiert sind oder über einen seriösen Anbieter im Internet. Die günstigsten Preise für sämtliche Goldbarren und Münzen finden Sie auf Vergleichsportalen wie gold.de oder goldpreis-vergleich.de. Hier werden Besucher automatisch auf die Internetseiten der dort gelisteten Händler weitergeleitet und können direkt einen Kauf bei dem Anbieter tätigen, der den günstigsten Preis inklusive Versandkosten hat. Ein Qualitätsmerkmal, auf das Sie achten sollten, ist, dass der Händler Mitglied im Berufsverband des Deutschen Münzenfachhandels ist.

Physisches Gold wird in der Regel, zum Schutz vor Diebstahl zu Hause in einem Tresor oder alternativ in einem angemieteten Schließfach bei der Bank verwahrt. Es empfiehlt sich die Angebote der Banken bezüglich der Schließfachmiete genau zu vergleichen, da die Preise abhängig von der Schließfachgröße stark variieren können.

Im Falle eines Diebstahls ist es wichtig, dass man den Verlust bei der Versicherung dokumentieren kann. Deshalb fotografieren Sie Ihre Münzen und Barren unbedingt ab. Auch ist es empfehlenswert einen Blick auf die Versicherungsbedingungen seiner Hausratversicherung zu werfen, um sicherzustellen, dass die Entschädigungsgrenzen im Schadensfall ausreichend hoch sind. Selbst bei der Wahl des Tresors gibt es unter Umständen bestimmte Vorgaben.

Gold-ETFs und Gold-ETCs

Sowohl Gold-ETFs (=Exchange Traded Funds) wie auch Gold-ETCs (Exchange Traded Commodities) sind börsengehandelte Finanzprodukte auf das Edelmetall Gold und Anleger haben hier die Möglichkeit ohne echten, sprich physischen Golderwerb auf die Wertentwicklung des Goldpreises zu spekulieren. Es gibt hier eine wichtige Einschränkung: In der EU und somit auch in Deutschland ist es Anbietern nicht erlaubt, reine Gold-ETFs aufzulegen. Grund hierfür sind die UCITS-Richtlinien, wonach ein ETF nicht ausschließlich in einen einzigen Rohstoff investieren darf, sondern breiter gestreut sein muss. Für deutsche Privatanleger, die dennoch in einen reinen Gold-ETF investieren möchten gibt es eine Alternative: Ausländische Gold-ETFs. Zum Beispiel in der Schweiz sind diese zugelassen und handelbar.

Der einfachere Weg aus Anlegersicht ist die Investition in die sogenannten Gold-ETCs, die im Gegensatz zu den Gold-ETFs auch in Deutschland aufgelegt werden dürfen. Am bekanntesten sind hier vor allem die beiden ETCs „Xetra-Gold" und „Euwax Gold". Eine umfassende Übersicht über Gold-ETFs und Gold-ETCs, die an der Börse gehandelt werden finden Sie auf den Finanzportalen von Extraetf und justETF.

Wichtig zu wissen: Rechtlich gesehen handelt es sich bei ETFs um Sondervermögen und bei ETCs um Inhaberschuldverschreibungen des Emittenten. Das heißt, im Falle einer Insolvenz ist das angelegte Geld nicht geschützt. Bei einer Insolvenz des Gold-ETC Emittenten kann es also passieren, dass Ansprüche von Gläubigern nur teilweise befriedigt werden können.

Goldminenaktien

Eine weitere Möglichkeit, die Sie haben, um Ihr Geld in Gold anzulegen ist der Kauf von Goldminenaktien. Als Aktionär von diesen Unternehmen sind Sie dann indirekt in dem gelben Edelmetall investiert. Die Kursentwicklung der Aktie hängt nicht allein vom Goldpreis, sondern von einer Vielzahl von anderen Faktoren ab. Unter anderem von den Entscheidungen des Unternehmensmanagements, aber auch vom Erfolg der Explorationsprojekte, die das Unternehmen zur Erschließung neuer Goldminen tätigt. Darüber hinaus müssen Sie beachten, dass viele Goldprojekte der Minenbetreiber in geopolitisch schwierigen Orten gelegen sind. Deshalb gehören Goldminenaktien wie auch die Zertifikate zu den spekulativeren Geldanlagen und unterliegen aufgrund der Vielzahl an Einflussfaktoren größeren Kursschwankungen als Gold.

Aus diesem Grund erfreuen sich Gold-ETFs und Gold-ETCs bei vielen Investoren großer Beliebtheit, denn hier umgeht man das Einzelwertrisiko, indem man in einen ganzen Korb von Wertpapieren investiert.

Gold-Zertifikate

Wie bei Gold-ETCs handelt es sich auch bei Gold-Zertifikaten um Inhaberschuldverschreibungen mit entsprechendem Emittentenrisiko. Goldzertifikate bieten Anlegern eine gute Möglichkeit auf einfache Art und Weise an der Entwicklung des Goldpreises zu partizipieren. Wenn Sie ein Gold-Zertifikat kaufen, erwerben Sie weder echtes Gold noch investieren Sie in ein Unternehmen aus der Gold-Branche. Mit einem Zertifikat auf den Basiswert Gold profitieren Sie als Anleger, je nach Gestaltung des Zertifikate-Wertpapieres, von der Wertentwicklung des Goldpreises. Abhängig von der Funktionsweise des Zertifikats können Sie theoretisch sowohl bei steigendem, bei stagnierendem oder fallendem Goldpreis Gewinne erzielen. Ein wesentlicher Vorteil von Zertifikaten ist die unmittelbare Partizipation des Finanzproduktes am Goldpreis. Weitere Einflussfaktoren, die zum Beispiel bei Goldminenaktien eine Rolle spielen, bleiben hier außen vor.

Wichtig zu wissen:

- **Gold gilt als sicherer Hafen:** Viele Investoren sehen Gold als krisensicher an. Die Begründung: Anders als reines Papier- oder Buchgeld ist es etwas Handfestes mit einem realen Wert. Vor allem kann es nicht beliebig vermehrt werden, wie es bei Papiergeld der Fall ist.

- **Möglichkeiten in Gold zu investieren:** Für Privatanleger bieten sich verschiedene Optionen in das gelbe Edelmetall zu investieren. Dazu zählen der Kauf von physischem Gold aber auch der Kauf von entsprechenden Finanzprodukten an der Börse, wie Gold-ETCs, Goldminenaktien oder Goldzertifikate.

- **Wechselkursrisiken:** Der Goldpreis notiert in US-Dollar. Beachten Sie daher die Auswirkung des Wechselkurses auf ihre Rendite. Das gilt in erster Linie beim physischen Kauf von Gold. Bei ETFs und ETCs gibt es die Möglichkeit auf währungsgesicherte Produkte auszuweichen. Mehr Informationen dazu finden Sie auf den Finanzportalen.

Informationen im Internet:

https://www.gold.de
https://www.gold-preisvergleich.de/

Hexensabbat – Da wird es an der Börse turbulent

Was hat ein Hexensabbat mit der Börse zu tun mag sich manch einer fragen? Denn blickt man in die Geschichtsbücher, so lehren einem diese, dass Hexentheoretiker in der Frühen Neuzeit als Hexensabbat oder Teufelstanz ein regelmäßiges, geheimes, nächtliches Treffen von Hexen und Hexer einer Region mit dem Teufel an einem abgelegenen Ort bezeichneten. Doch bei allem guten Glauben an die Wahrheit der geschichtlichen Überlieferungen, an der Börse treffen sich keine Hexen oder Hexer. Vielmehr tanzen diese eher bildhaft betrachtet an einigen besonderen Tagen im Jahr über das Börsenparkett und verursachen einiges an Kurskapriolen. Dieses Phänomen, das zu ganz bestimmten Zeiten stattfindet wird von Börsianern als Hexensabbat bezeichnet. Was sich genau hinter diesem geschichtsträchtigen Begriff verbirgt und welche Bedeutung er für den Börsenhandel hat, das erfahren Sie in diesem Kapitel.

Die Hintergründe zum Hexensabbat

Die Ursachen, dass es überhaupt zu einem Hexensabbat kommt, liegen darin begründet, dass es an der Börse die Möglichkeit gibt auch mit geringerem Kapital-Einsatz auf Aktien zu spekulieren. Dies wird von professionellen Tradern mit den sogenannten Optionen (Finanzinstrumente für den derivativen Handel) umgesetzt. Neben Optionen haben Trader auch die Möglichkeit über Futures (ebenfalls Finanzprodukte) auf die Entwicklung von wichtigen Indizes, wie den DAX zu spekulieren. Mit dem Bund Future ist diese Spekulation auch auf Anleihen möglich. Optionen und Futures werden als Termingeschäfte bezeichnet und ihr Handel findet an der Terminbörse Eurex statt. Diese Finanzinstrumente haben ein wichtiges Merkmal, das letzten Endes ursächlich ist für den Hexensabbat: Die Finanzprodukte besitzen eine zeitliche Begrenzung und verfallen an einem bestimmten Tag.

Unter Hexensabbat versteht man den Verfallstag dieser Termingeschäfte mit Optionen und Futures. Für Börsianer wichtig zu wissen: Es gibt den kleinen und den großen Hexensabbat.

Der kleine Hexensabbat:
Dieser findet jeden 3. Freitag eines Monats statt. An diesem Stichtag werden Optionen auf Aktien fällig und mit den aktuellen Aktienkursen abgerechnet.

Der große Hexensabbat:
Viermal im Jahr wird aus dem kleinen monatlichen Verfallstag der sogenannte große Verfallstag, und zwar jeweils am dritten Freitag des dritten Monats eines Quartals. An diesem Termin werden zusätzlich zu den Optionen auch die Futures auf die Indizes fällig und abgerechnet.

Verfallstage verursachen Turbulenzen

Regelmäßig kommt es an den Verfallstagen von Optionen und Futures und insbesondere am großen Verfallstag zu sehr heftigen Kursschwankungen an der Börse. Der Grund dafür liegt schlicht und ergreifend an der Tatsache, dass die großen institutionellen Anleger an der Börse, wie Banken oder Fonds die mitunter sehr große Positionen in diesen Terminkontrakten halten dann aktiv werden, um ihre Positionen, vor dem Verfall noch zu optimieren. Ohne jetzt zu sehr ins Detail zu gehen, müssen Sie sich das in etwa so vorstellen, dass diese Investorengruppe an diesem Tag versucht mit Positionsstrategien die Indizes, wie den DAX, noch in eine gewünschte Richtung zu bewegen. Hier spielt das sogenannte Hedging (Absichern von bestehenden Positionen) eine wesentliche Rolle.

Auch wenn diese erhöhte Volatilität rund um den Verfallstag historisch betrachtet, nur eine kurze Halbwertszeit hat und sich die Ausschläge nach unten bzw. oben in der Regel wieder einpendeln ist eines klar zu erkennen: diese Tage stellen insbesondere für kurzfristig orientierte Anleger ein erhöhtes Risiko dar. Denn am Hexensabbat ist die Gefahr hoch, dass einem die großen Kursausschläge eine Trading-

Strategie, die man gerade verfolgt zunichtemacht. Insofern sind diese Tage eher was für versierte Daytrader, die wissen, wie man hier zu agieren hat. Langfristig orientierte Privatanleger, deren Strategie vor allem auf den Kauf von Aktien ausgerichtet ist, können diesen Verfallstag eher als ein Sturm im Wasserglas betrachten.

Wichtig zu wissen:

- **Termingeschäfte sind ursächlich für den Hexensabbat:** Der Verfallstag von Termingeschäften mit Optionen und Futures führt zum sogenannten Hexensabbat. Dieser Tag an den Börsen ist geprägt von hohen Kursausschlägen.

- **Der kleine Hexensabbat:** Dieser findet jeden 3. Freitag eines Monats statt. An diesem Stichtag werden Optionen auf Aktien fällig und mit den aktuellen Aktienkursen abgerechnet.

- **Der große Hexensabbat:** Viermal im Jahr wird aus dem kleinen monatlichen Verfallstag der sogenannte große Verfallstag, und zwar jeweils am dritten Freitag des dritten Monats eines Quartals. An diesem Termin werden zusätzlich zu den Optionen auch die Futures auf die Indizes fällig und abgerechnet.

Indizes – Die Stimmungsbarometer

Viele Börsianer stellen sich des Öfteren die Frage: Besser in Indizes investieren oder doch lieber in einzelne Aktien? Die Entscheidung hängt meines Erachtens davon ab, welche Anlageziele ich verfolge und wo ich die besten Chancen im Markt sehe.

Ein kleines Beispiel zur Verdeutlichung. Stellen Sie sich einen Privatanleger vor, der davon überzeugt ist, dass sich US-Tech-Aktien langfristig gut entwickeln werden. Die Frage, die er sich dann als nächstes stellt ist folgende: In welche Tech-Aktien investiere ich nun? Das heißt, dieser Anleger versucht, ausgehend von seiner positiven Erwartungshaltung, die Aktien herauszupicken, von denen er glaubt, dass sie gut performen werden. Dagegen ist aus meiner Sicht nichts einzuwenden, und diese Strategie kann aufgehen. Aber genauso lässt sich diese Erwartung auch mit einer Investition in den entsprechenden Index, in diesem Fall wäre es der Nasdaq100 (in dem die größten Tech-Unternehmen gelistet sind) umsetzen. Das heißt der Anleger könnte so die gleiche Zielsetzung verfolgen, umgeht dabei aber das Einzelwertrisiko, indem er über ein entsprechendes Finanzprodukt in den gesamten Index investiert.

Welcher Weg der bessere ist kann man pauschal nicht beantworten. Was dieses Beispiel aber zeigt ist, dass Aktienindizes mehr sind als nur Barometer für die aktuelle Marktstimmung an der Börse. In Indizes kann genauso investiert werden, wie in einzelne Aktien. Lernen Sie in diesem Kapitel die wichtigsten Aktienindizes aus Deutschland und den USA kennen.

Grundsätzliches zu Börsen- bzw. Aktienindizes

Börsenindizes beziehen sich auf ein bestimmtes, genau definiertes Börsensegment. Je nach Segment handelt es sich dann bei dem Börsenindex um einen Branchenindex, einen Rohstoffindex oder einen Rentenindex. Zu den bekanntesten Börsenindizes zählen die Aktienindizes. Alle Industrieländer und nahezu jedes Emerging Market Land besitzt eine oder mehrere Wertpapierbörsen und verfügen somit auch über

Aktienindizes. Die Besonderheit an Aktienindizes ist, dass in ihnen Aktien verschiedener Unternehmen nach bestimmten Kriterien gebündelt sind. Investoren können bereits mit einem Blick auf den Indexstand erkennen, wie es um die Marktstimmung an der Börse bestellt ist.

Bei Aktienindizes unterscheidet man primär zwischen einem Kursindex und einem Performanceindex. Bei einem Kursindex repräsentiert der Indexstand den Kursdurchschnitt der in ihm enthaltenen Aktien. Der Index wird nicht um Dividendenzahlungen bereinigt, so dass er auch die bei Dividendenzahlungen üblichen Kursabschläge abbildet. Weltweit wichtige und bekannte Indizes, die in die Kategorie „Kursindex" fallen, sind zum Beispiel der Dow Jones, der Nikkei 225 oder der CAC 40. Bei einem Performanceindex werden die ausgeschütteten Dividenden hingegen direkt wieder auf den Indexstand aufgeschlagen, so dass dadurch kein Kursverlust entsteht. Der bekannteste Performanceindex ist der DAX.

Der deutsche Leitindex DAX

Beim DAX handelt es sich um den Deutschen Aktienindex, den die Deutsche Börse herausgibt und managt. Er ist der bedeutendste deutsche Aktienindex und wird auch als Leitindex der deutschen Wirtschaft bezeichnet. Aktuell misst der DAX die Wertentwicklung der 40 größten und liquidesten Unternehmen des deutschen Aktienmarktes. Beim DAX handelt es sich um einen Performance-Index. Die Aktienkurse der im DAX enthaltenen Unternehmen werden im Sekundentakt aktualisiert. Basis für die Berechnung des DAX in Realtime ist das Handelssystem Xetra, das alle Käufe und Verkäufe von Wertpapieren dokumentiert und auswertet. Der Aktienhandel findet zwischen 09:00 und 17:30 Uhr statt. Allerdings können Sie auch außerhalb dieses Zeitrahmens Wertpapierkäufe tätigen, im sogenannten vor- und nachbörslichen Handel. Innerhalb dieser Nebenhandelszeiten müssen Sie damit rechnen, dass weniger Aktien gehandelt werden und eine insgesamt verringerte Liquidität im Markt zu stärker schwankenden Kursen führen kann.

Für die Zusammensetzung des deutschen Aktienindex DAX ist die Deutsche Börse zuständig und diese berät jedes Jahr im September, ob die aktuellen Mitglieder des DAX die Kriterien für eine Mitgliedschaft im Leitindex noch erfüllen, oder ob sie ihn verlassen müssen. Was die Aufnahmekriterien betrifft, wurden diese im Zuge der jüngsten DAX-Reform im September 2021 aktualisiert. Auslöser für die Neuerung war der Wirecard-Skandal. Das Unternehmen, das im Juni 2020 Insolvenz anmeldete, blieb damals noch weitere 8 Wochen im DAX vertreten. Ein Umstand, der durch die Neuregelung der Kriterien zukünftig nicht mehr möglich sein wird.

MDAX, SDAX und TecDAX

Neben dem wichtigen Leitindex DAX, in dem die größten deutschen Unternehmen vertreten sind, richtet sich das Augenmerk der Investoren auch auf die sogenannten Nebenindizes, wie den MDAX, den SDAX und den TecDAX.

Der MDAX (Mid-Cap-DAX):

Der MDAX spiegelt die Entwicklung der 50 größten Unternehmen in Deutschland wider, die hinsichtlich der Kriterien Marktkapitalisierung und Orderbuchumsatz auf die 40 Unternehmen des DAX folgen. Die Bezeichnung Mid Cap rührt daher, weil es sich um mittelgroße Unternehmen handelt, die aus unterschiedlichen Branchen stammen. Die Zusammensetzung des MDAX wird viermal im Jahr (März, Juni, September und Dezember) von der Deutschen Börse aktualisiert.

Der SDAX (Small-Cap-DAX):

Der SDAX ist ein weiterer deutscher Aktienindex, der im Jahr 1999 von der Deutschen Börse eingeführt wurde. Er ist ein Auswahlindex für 70 kleinere Unternehmen, sogenannte Small Caps, die den im MDAX enthaltenen Werten hinsichtlich Handelsvolumen und Marktkapitalisierung folgen.

Der TecDAX:

Neben dem DAX, dem MDAX und dem SDAX gehört auch der 2003 von der Deutschen Börse eingeführte TecDAX zur DAX-Indexfamilie. Im

TecDAX sind insgesamt 30 der größten sogenannten Technologiewerte gelistet, die bestimmte Auswahlkriterien erfüllen müssen. Oft wird der TecDAX mit dem US-Technologieindex Nasdaq100 verglichen. Allerdings hinkt dieser Vergleich allein schon wegen der Größenrelation gewaltig. Während sich im Nasdaq100 einige der wertvollsten Unternehmen weltweit mit Apple, Amazon und Microsoft befinden, fällt die Marktkapitalisierung deutscher Technologiewerte im Vergleich dazu verschwindend gering aus.

Aus Trader-Sicht nehmen diese Indizes im Vergleich zum DAX allerdings eine eher untergeordnete Rolle ein. Dafür sind diese Nebenindizes bei vielen Anlegern sehr beliebt, um Stock Picking zu betreiben. Das heißt in diesen Indizes wird gezielt nach vielversprechenden Unternehmen Ausschau gehalten. Oft finden sich in MDAX und SDAX auch sogenannte „Hidden Champions". Unternehmen deren Name nicht so prominent ist wie der vieler Dax-Unternehmen, die aber in ihrer Branche mitunter eine marktführende Position haben.

Institutionelle Anleger investieren in den DAX

Zunächst einmal ist festzuhalten, dass die 40 Unternehmen des DAX mit Ihrer Marktkapitalisierung (=gesamter Marktwert aller ausstehenden Aktien der im DAX gelisteten Unternehmen) zu einem hohen Grad die deutsche Wirtschaft abbilden. Das bedeutet, dass die großen institutionellen Anleger, wie Fondsgesellschaften oder Pensionskassen an einem Investment im DAX nicht vorbeikommen, wenn sie ihre Gelder langfristig in die Entwicklung der deutschen Wirtschaft investieren möchten.

Die Bedeutung des deutschen Aktienindex DAX bei internationalen Investorengruppen hat auch Vorteile für Privatanleger. Sie profitieren von den zahlreichen Analysen und Prognosen der Analystenhäuser und ihren ständig aktualisierten Einschätzungen zur Geschäftsentwicklung der Unternehmen. Für engagierte Trader ist der DAX einer der besten deutschen Indizes zum Handeln, denn es gibt beinahe unendlich viele Finanzprodukte auf den DAX.

Wie Sie in den DAX investieren können

Die Art wie Sie in den DAX investieren hängt von Ihrer persönlichen Anlagestrategie und ihrer Risikoneigung ab. Ist Ihr Ziel ein langfristiger Vermögensaufbau, dann wäre ein Investment in einen DAX ETF sinnvoll. Das ist die einfachste und gleichzeitig eine der risikoärmsten Möglichkeiten, um langfristig an der Wertentwicklung des DAX zu partizipieren. Beinahe alle Banken bieten mittlerweile sogenannte ETF-Sparpläne an, in die Sie regelmäßig einen bestimmten Geldbetrag einbezahlen können. Mehr Informationen, wie Sie den passenden ETF finden, erfahren Sie im Kapitel ETF in diesem Buch.

Eine andere Möglichkeit in den DAX zu investieren und im Vergleich zu den ETFs als spekulativer einzustufen, ist der Kauf von Aktien. Neben einem gut gewählten Einstiegszeitpunkt kommt es hier vor allem darauf an, dass Sie sich intensiv mit dem Unternehmen auseinandersetzen, in das Sie investieren möchten. Das heißt konkret Sie sollten Antworten finden auf Fragen wie: Was spricht mittel-bis langfristig für die Aktie? Wie sind die Umsatz- und Ertragsziele? Welche Kursziele vergeben die Analystenhäuser für die Aktie? Je fundierter Sie vorab recherchieren, um so gelassener können Sie auch zwischenzeitliche Kursrücksetzer aussitzen. Wichtig ist, dass Sie zu 100 Prozent hinter Ihrer Kaufentscheidung stehen.

Darüber hinaus gibt es für Trader die Möglichkeit über eine breite Auswahl an Finanzprodukten, wie zum Beispiel Hebelzertifikaten in den DAX zu investieren. Diese Wertpapiere sind jedoch zum einen sehr spekulativ und zum anderen gerade für Börsenneulinge in ihrer Wirkungsweise schwierig zu verstehen. Mehr Informationen zu diesen Produkten finden Sie im Kapitel Zertifikate.

Die wichtigsten US-Aktienindizes

Die USA gelten als der wichtigste Aktienmarkt weltweit und das aus gutem Grund. Die New York Stock Exchange ist die Heimatbörse der wertvollsten Unternehmen (gemessen an der Marktkapitalisierung). Momentan, während dieses Buch entsteht, steht Apple an der Spitze und erreicht beinahe eine Marktkapitalisierung von unglaublichen 3 Billionen

USD. Auch die Tatsache, dass die USA neben China als die Konjunkturlokomotive der Weltwirtschaft gelten, trägt zur Bedeutung der US-Börsen bei. Die Stärke bzw. Schwäche der US-Aktienindizes beeinflusst in der Regel maßgeblich die Kursentwicklung an vielen Börsenplätzen weltweit. Sie kennen mit Sicherheit den Standardsatz aus der börsentäglichen Berichterstattung in Deutschland, der oft damit beginnt wie die US-Indizes am Vortag geschlossen haben. Daraus lässt sich dann laut den Börsenexperten ableiten, ob die DAX-Eröffnung, positiv, uneinheitlich oder eher negativ sein wird. Im Folgenden die Kurzportraits der drei wichtigsten Aktienindizes in den USA.

Der Dow Jones Aktienindex:

Der amerikanische Dow Jones Industrial Average (DJIA) oder bei uns auch kurz Dow-Jones-Index genannt, ist das weltweit bekannteste wie auch meistbeachtete Börsenbarometer. Er wurde im Jahr 1884 von Charles Dow und Edward Jones, den Gründern des Wall Street Journals und des amerikanischen Verlagshauses Dow Jones geschaffen. Zu Beginn enthielt der Index gerade einmal zwölf Unternehmen, heute sind es 30 und die vertretenen Branchen der Mitglieder reichen von Finanzdienstleister bis hin zu Unternehmen aus dem Gesundheitswesen.

Auch heute bestimmen noch die Herausgeber des Wall Street Journals, wer in den Index aufgenommen wird. Die Entscheider berücksichtigen dabei nicht nur den Börsenwert, sondern auch die Historie der Unternehmen. Mögliche Aspiranten für eine Neuaufnahme in den Index, sollten zu den führenden Unternehmen ihres Industriezweigs gehören. Viele noch junge Unternehmen, vor allem aus dem Tech-Sektor, haben es deshalb schwer in den Index aufgenommen zu werden. Eine Besonderheit beim Dow-Jones-Index ist der Umstand, dass dieser im Vergleich zum DAX (Performance-Index) als reiner Kursindex berechnet wird. Ausgeschüttete Dividenden werden also nicht in den Index miteinbezogen.

Der Nasdaq-100 Aktienindex:

Im Nasdaq-100 Index sind die 100 Unternehmen mit der höchsten Marktkapitalisierung aus dem breiter gefächerten Nasdaq Composite gelistet. Diese müssen an der elektronischen Technologiebörse Nasdaq Stock Exchange gelistet sein. Der Nasdaq-100 gilt allgemeinhin auch als Index für die großen Technologie-Unternehmen. Was nicht wundert, wenn man auf die Mitglieder des Index schaut, da findet sich das who is who aus dem Tech-Universum. In diesem Index sind unter anderem so klangvolle Unternehmen wie Amazon, Apple. Alphabet, Meta oder Netflix gelistet. Beim Nasdaq-100 Index handelt es sich um einen Kursindex, d.h. auch bei diesem Index werden, wie beim Dow Jones bei der Berechnung des Indexstandes die Dividendenzahlungen vernachlässigt.

Der S&P500 Index:

Der im Jahr 1957 geschaffene *S&P 500 Index* (Standard & Poor's 500 Index) ist einer der am meisten beachteten Aktien-Indizes der Welt. Er bildet die Kursentwicklung der 500 größten börsennotierten US-Unternehmen ab und repräsentiert damit ca. 75% des US-amerikanischen Aktienkapitals. Die Aktien werden gemäß der jeweiligen Börsenkapitalisierung unterschiedlich im Index gewichtet. Aufgenommen werden ausschließlich Aktien, die an der NYSE (New York Stock Exchange) und an der NASDAQ notiert sind. Im S&P 500 Index wird die Entwicklung des breiten Aktienmarktes der USA abgebildet.

Wichtig zu wissen:

- **Unterschied zwischen Kursindex und Performanceindex:** Bei einem Kursindex repräsentiert der Indexstand den Kursdurchschnitt der in ihm enthaltenen Aktien. Der Index wird nicht um Dividendenzahlungen bereinigt. Weltweit wichtige und bekannte Indizes, die in die Kategorie „Kursindex" fallen, sind zum Beispiel der Dow Jones, der Nikkei 225 oder der CAC 40. Bei einem Performanceindex werden die ausgeschütteten Dividenden hingegen direkt wieder auf den Indexstand aufgeschlagen, so dass dadurch kein Kursverlust entsteht. Der bekannteste Performanceindex ist der DAX.

- **Die wichtigsten deutschen Aktienindizes:** Der deutsche Aktienindex DAX, den die Deutsche Börse herausgibt und managt ist der wichtigste deutsche Aktienindex. In ihm sind 40 Unternehmen aus Deutschland gelistet, die zu einem hohen Grad die deutsche Wirtschaft abbilden. In den Dax können Anleger durch den Kauf verschiedener Finanzprodukte investieren. Möglich ist hier unter anderem der Kauf eines ETFs, einer Aktie oder eines Zertifikates. Weitere wichtige deutsche Aktienindizes sind der MDAX, der SDAX und der TecDax.

- **Die wichtigsten US-Aktienindizes:** Die USA gelten als der wichtigste Aktienmarkt weltweit und das aus gutem Grund. Die New York Stock Exchange ist die Heimatbörse der wertvollsten Unternehmen (gemessen an der Marktkapitalisierung). Der amerikanische Dow Jones Industrial Average (DJIA) ist das weltweit bekannteste wie auch meistbeachtete Börsenbarometer. Der Nasdaq-100 Aktienindex gilt allgemeinhin als Index für die großen Technologie-Unternehmen.

Junk-Bonds – Anleihen mit hohem Risiko

Der heutige Finanzmarkt bietet Investoren eine kaum noch überschaubare Anzahl von Produkten an, in die man sein Kapital investieren kann. Selbstverständlich sind Finanzprodukte keine Selbstläufer und neben der Chance eine ansehnliche Rendite zu erzielen schwingt auch immer ein Verlustrisiko mit. Besonders ärgerlich ist es, wenn man als Privatanleger mit einem Investment einen besonders hohen Verlust oder sogar einen Totalverlust erleidet. Das ist aber meiner Meinung nach ein kalkulierbares Anlegerrisiko, das durch ein vernünftiges Chancen-, Risikomanagement gesteuert werden kann. Ferner gibt es auch Umstände, ich erinnere hier an den Wirecard Skandal, die einen Anleger wie einen Blitz aus heiterem Himmel treffen. Auch wenn es nur ein schwacher Trost ist, hier muss sich kein Investor Vorwürfe machen, dass er zu leichtsinnig oder mit zu wenig Bedacht auf das mögliche Risiko agiert hat. Denn der Wirecard Skandal war in erster Linie nur eines: Ein Betrug an den Anlegern.

Nicht immer sind an der Börse betrügerische Absichten wie im Falle von Wirecard mit im Spiel. Aber als Anleger muss man stets wachsam und vor allem misstrauisch gegenüber Finanzprodukten sein, die eine besonders hohe Rendite versprechen. Ein Beispiel sind die sogenannten hochverzinsten Junk Bonds. Was sich genau hinter diesem Begriff verbirgt, das erfahren Sie in diesem Kapitel.

Das versteht man unter Junk-Bonds

Junk-Bonds bzw. High-Yield Bonds sind auch bekannt als „Hochzinsanleihen", bzw. „Ramschanleihen". Es handelt sich dabei um Anleihen (Schuldverschreibungen, festverzinsliche Wertpapiere), die nach Einschätzung etablierter Ratingagenturen (z.B. Standard and Poor´s, Fitch oder Moody´ s) im Vergleich zu anderen Anleihen ein hohes Ausfallrisiko haben. Als Kompensation für diese unsichere Investition werden auf Junk Bonds in der Regel hohe Zinsen gezahlt.

Im Vergleich zu „normalen" Anleihen liegt die Verzinsung bei Junk-Bonds in der Regel um zwei bis neun Prozentpunkte höher. Viele Unternehmen nutzen das Instrument der Junk Bonds oftmals, wenn der Kreditrahmen der Bank ausgereizt ist.

Die Emittenten von Junk-Bonds

Junk-Bonds können sowohl von Unternehmen als auch von Staaten emittiert werden. Aus Anlegersicht kann man bereits durch kritische Betrachtung der Emittenten Hinweise auf die niedrige Qualität der herausgegebenen Anleihen finden. Bei Unternehmen sollten Sie beispielsweise einen Blick darauf haben, ob sich diese in finanziellen Schwierigkeiten befinden (hohe Verschuldung) oder ob sie Probleme bei der Beschaffung von Krediten bei Banken haben. Informationen dazu finden sich unter anderem auch in den Geschäftsberichten.

Bei Staaten heißt es Vorsicht, wenn es sich um Länder handelt, die ein erhöhtes politisches Risiko aufweisen, deren wirtschaftliche Leistungsfähigkeit gering ist und eine hohe Staatsverschuldung haben.

Das müssen Sie als Anleger beachten

Eine spezielle Abgrenzung der Junk Bonds zu den Anleihen von Firmen mit einer höheren Bonität, gibt es durch die Unterscheidung in „Investment Grade" und „Non-Investment Grade". Als Junk Bonds werden alle Anleihen eingestuft, die nach Prüfung einer Ratingagentur in dem Bereich „Non-Investment Grade" liegen. Je nach Ratingagentur meint dies eine Bonität die schlechter als BBB- bzw. Baa3 bewertet wurde. Die drei wichtigsten Agenturen im Markt sind: Moody´s Investors Service, Standard & Poor´s und Fitch Rating.

Aus Sicht der Ratingagentur handelt es sich um eine riskante bzw. spekulative Anleihe (Junk-Bond), wenn eine hohe Wahrscheinlichkeit eingeschätzt wird, dass der Emittent seinen Zahlungsverpflichtungen vollständig, partiell oder fristgerecht nicht nachkommen wird. Als Privatanleger können Sie sich vor Junk-Bonds schützen, indem Sie genau darauf achten, wie Staats-, oder Unternehmensanleihen von den Ratingagenturen eingestuft worden sind.

S&P	Moody's	Fitch	Bedeutung der Noten für die Bonität
AAA	Aaa	AAA	**Höchste Bonität** Bestnote –kein Ausfallrisiko ist erkennbar.
AA+	Aa1	AA+	
AA	Aa2	AA	**Sehr gute bis gute Bonität** Die Zahlungswahrscheinlichkeit ist hoch.
AA-	Aa3	AA-	
A+	A1	A+	**Befriedigende Bonität** Deckung von Zins und Tilgung ist angemessen, aber mangelnder Schutz gegen wirtschaftliche Veränderungen
A	A2	A	
A-	A3	A-	
BBB+	Baa1	BBB+	**Durchschnittliche Bonität** Negative Entwicklung bei schlechterer Gesamtwirtschaft möglich.
BBB	Baa2	BBB	
BBB-	Baa3	BBB-	
BB+	Ba1	BB+	**Spekulative Anlage** Ausfälle bei Verschlechterung der Wirtschaftslage zu erwarten.
BB	Ba2	BB	
BB-	Ba3	BB-	
B+	B1	B+	**Hochspekulative Anlage** Ausfälle wahrscheinlich bei Verschlechterung der Lage.
B	B2	B	
B-	B3	B-	
CCC	Caa1	CCC	**Risikohafte Anlage** Bei den C-Kategorien ist von einem teilweisen oder sogar vollständigen Zahlungsausfall auszugehen.
CC	Caa2	CC	
C	Caa3	C	

Ratingskala - Ratingagenturen und ihre Noten

✓ VERGLEICH.DE

Abb.4: Ratingagenturen und ihre Noten
Quelle: www.vergleich.de

Wichtig zu wissen:

- **Junk-Bonds sind risikobehaftet:** Es handelt sich hierbei um sogenannte „Hochzinsanleihen", bzw. auch „Ramschanleihen" genannt. Diese Anleihen weisen für den Käufer nach Einschätzung von Ratingagenturen ein hohes Ausfallrisiko aus. Im Vergleich zu normalen Anleihen liegt die Verzinsung bei Junk-Bonds in der Regel um zwei bis neun Prozentpunkte höher.

- **Hilfestellung leisten Ratingagenturen:** Als Junk-Bonds werden alle Anleihen eingestuft, die nach Prüfung einer Ratingagentur in dem Bereich „Non-Investment Grade" liegen. Je nach Ratingagentur meint dies eine Bonität die schlechter als BBB- bzw. Baa3 bewertet wurde. Zu den drei wichtigsten Agenturen im Markt zählen: Moody´s Investors Service, Standard & Poor´s und Fitch Rating.

Informationen im Internet:

https://www.vergleich.de/laenderrating.html
https://www.bondguide.de

Kennzahlen – Entscheidungshilfe beim Aktienkauf

Beim normalen Lebensmitteleinkauf gibt es zwei Möglichkeiten: Entweder man befüllt seinen Einkaufswagen spontan ohne vorherige Planung oder, und das ist doch eher die Regel, man überlegt im Voraus, was alles zu besorgen ist und wirft vielleicht sogar vorab noch einen Blick in das Angebotsprospekt des Supermarkts. Ein ähnliches Verhalten zeigt sich an der Börse. Denn Anleger denken zunächst intensiv darüber nach in welche Finanzprodukte sie ihr Geld investieren, und mit den ganzen Analystenkommentaren gibt es sogar eine Art Angebotsprospekt, an dem sie sich orientieren können. Das A und O bevor Sie Ihr Geld an der Börse investieren, ist nun einmal eine fundierte Recherche bzw. Analyse. Ich meine damit nicht, dass Sie sich erst zum Börsenexperten weiterbilden müssen, bevor Sie den ersten Kauf tätigen. Aber auf eines kommt es meiner Meinung nach ganz besonders an: Unabhängig von allen Empfehlungen, die Sie lesen, wichtig ist, dass Sie sich Ihre eigene Meinung darüber bilden, ob ein bestimmtes Wertpapier kaufenswert ist oder nicht. Ein wesentlicher Entscheidungsfaktor ist dabei die fundamentale Bewertung eines Unternehmens. Hier liefern bestimmte Unternehmenskennzahlen wichtige Hinweise, die Ihnen bei Ihrer Kaufentscheidung weiterhelfen können.

Lernen Sie in diesem Kapitel einige der wichtigsten Kennzahlen aus der Fundamentalanalyse kennen und wie diese zu interpretieren sind.

Begriffe aus der Bilanz

Zunächst ein kurzer Überblick zu einigen wichtigen Begriffen aus der Bilanz eines Unternehmens, die jeder Aktionär kennen sollte und die bei der Berechnung der weiter unten vorgestellten Bewertungskennzahlen eine Rolle spielen.

Eigenkapital:

Das Eigenkapital ist jener Teil des Kapitals eines Unternehmens, welcher das Reinvermögen darstellt. Errechnet wird es durch den Überschuss des Vermögens über die Schulden. Aktionäre sollten sich genau ansehen, wie Unternehmen mit ihrem Eigenkapital umgehen. Wichtige Kennzahlen sind die Eigenkapitalrendite und die Eigenkapitalquote.

Umsatz:

Der Umsatz gibt Auskunft darüber wieviel ein Unternehmen durch den Verkauf von Waren und Dienstleistungen an Kunden in einem bestimmten Betrachtungszeitraum eingenommen hat. Der Umsatz gibt in erster Linie Auskunft über die Größe eines Unternehmens und nach Abzug von Kosten und Aufwendungen lässt sich auch der wirtschaftliche Erfolg anhand von Ergebniskennzahlen wie Gewinn oder Verlust ablesen. Der Umsatz dient unter anderem der Berechnung des Kurs-Umsatz-Verhältnisses.

Cash-Flow:

Der Cash-Flow ist eine wichtige Kennzahl über die Finanzkraft von Unternehmen und deren Liquiditätssituation, durch die der Geldfluss (Geldzufluss sowie Geldabfluss) in einer bestimmten Abrechnungsperiode ermittelt wird. Er berechnet sich, indem man die Auszahlungen von den Einnahmen abzieht oder zum Gewinn die Abschreibungen und Rückstellungen addiert. Ergibt sich dabei ein positiver Wert, spricht man von einem Überschuss: Das Unternehmen ist in der Lage, Schulden zu tilgen und Investitionen zu stemmen.

Ergebnis:

Wie den Umsatz findet man in den Quartals- und Jahresberichten der Unternehmen auch verschiedene Ergebniskennzahlen die Auskunft darüber geben wieviel ein Unternehmen im Betrachtungszeitraum verdient hat. Das EBITDA – kurz für Earnings Before Interest, Taxes, Depreciation and Amortization – errechnet sich aus Umsatz minus

Produktionskosten und gibt an, ob und wie profitabel das operative Geschäft läuft. Bereinigt man das EBITDA um die Abschreibungen, erhält man das EBIT – auch Betriebsgewinn oder operatives Ergebnis genannt. Wird das EBIT noch um Zinserträge und -kosten sowie Steuern bereinigt erhält man den Jahresüberschuss bzw. den Nettogewinn. Eine wichtige Information für Aktionäre ist das Ergebnis pro Aktie. Dieses erhält man, indem der Jahresüberschuss durch die Anzahl der Aktien geteilt wird.

Wichtige Bewertungskennzahlen

Bewertungskennzahlen sind die Grundlagen in der Fundamentalanalyse und liefern wertvolle Hinweise für Kaufentscheidungen. Im Folgenden einige der wichtigsten Bewertungskennzahlen.

Eigenkapitalrendite:

Die Eigenkapitalrendite gibt an, wie hoch die Rendite des eingesetzten Eigenkapitals ist. Dies drückt sich in dem Verhältnis von Gewinn und Eigenkapital aus und wird in Prozent angegeben. Anders gesagt gibt die Eigenkapitalrendite an, mit wie viel Prozent sich das Eigenkapital verzinst. Somit kann sie als Größe zur Messung der Wirtschaftlichkeit in einem Unternehmen verstanden werden. Grundsätzlich gilt, dass die Eigenkapitalrendite so hoch wie möglich sein sollte. Wenn ein Unternehmen Eigenkapital einsetzt, erhofft es sich selbstverständlich eine gute Verzinsung. Denn Kapital, das man einsetzt, geht mit einem gewissen Risiko einher.

Eigenkapitalquote:

Die Eigenkapitalquote ist wichtiger Bestandteil der Risikoanalyse bei der Aktien-Bewertung. Die Quote ist unter anderem ein Indikator, wie solide ein Unternehmen finanziert ist. Je höher der Anteil des Eigenkapitals ist, desto gesünder ist das Unternehmen. Weniger Fremdkapital bedeutet geringere Schulden, so sind auch weniger Zinsen fällig. Das wiederum senkt die Kosten. Außerdem können Eigentümer und Geschäftsführung viel leichter eigene Entscheidungen über den weiteren Geschäftsverlauf treffen, sind unabhängig von fremden Geldgebern. Mit einem hohen Eigenkapital steckt der Betrieb auch finanzielle Rückschläge besser weg, überlebt eine Krise länger. Eine hohe Eigenkapitalquote führt zu einer guten Bonitätsbewertung.

Wichtig zu wissen: Eine Analyse der Eigenkapitalquoten sollte immer im Branchenvergleich erfolgen. Informationen zur Eigenkapitalquote eines Unternehmens finden Sie in den Quartalsberichten bzw. Bilanzen, die die Unternehmen regelmäßig veröffentlichen.

Kurs-Gewinn-Verhältnis (KGV):
Das Kurs-Gewinn-Verhältnis einer Aktie gehört zu den bekanntesten Zahlen der Aktien-Bewertung. Hierfür wird der aktuelle Kurs der Aktie durch den Unternehmensgewinn des Vorjahres geteilt. Stark vereinfacht werden bei der Ermittlung des Unternehmensgewinns (genauer: Jahresüberschuss), die Umsatzerlöse den Aufwänden gegenübergestellt. Erzielt ein Unternehmen einen Verlust, also einen Jahresfehlbetrag ist die Ermittlung eines KGVs für die Aktienbewertung wenig hilfreich.

Anhand des KGV kann man ablesen, wie viele Jahre ein Unternehmen benötigen würde, um beim aktuellen Aktienkurs und dem generierten Unternehmensgewinn seinen Börsenwert zu erreichen. Das KGV hilft bei der Beurteilung, ob eine Aktie niedrig oder hoch bewertet ist. Diese Kennzahl für ein Unternehmen allein ist jedoch nicht allzu aussagekräftig. Wichtig ist bei der Betrachtung des KGV vor allem, dass es mit Unternehmen aus der gleichen Branche verglichen wird (Peer-Group-Vergleich). Auch ist eine Betrachtung der letzten Jahre wichtig, um zu erkennen, wie sich das Unternehmen entwickelt hat.

Bei der Interpretation und Aussagekraft von Kurs-Gewinn-Verhältnissen kommt es immer auf die Zusammenhänge an. Ein hohes KGV kann ein Hinweis auf eine Überbewertung sein und möglicherweise auch als Indikator für zukünftige Kursrückgänge gedeutet werden. Eine andere Möglichkeit ist, dass ein hohes KGV auf ein sehr starkes Umsatz- bzw. Gewinnwachstum hinweist. Bei Unternehmen, die ein hohes Ertragswachstum haben, z.B. Tech-Aktien akzeptieren Investoren in der Regel eher ein hohes KGV, als es bei Value-Aktien der Fall wäre. Die Wette der Investoren lautet hier, dass sich im Laufe der Zeit das KGV aufgrund des prognostizierten Gewinnwachstums wieder relativiert. Ein niedriges KGV bedeutet, dass die Aktie im Verhältnis zum erzielten Unternehmensgewinn eine geringe Börsenbewertung hat. Auch hier gibt es verschiedene Interpretationsmöglichkeiten. Gehört das Unternehmen in eine Branche, die nur geringes Wachstum aufweist, ist ein niedriges KGV Voraussetzung, dass eine Aktie überhaupt als interessant erscheint.

Ist das Kurs-Gewinn-Verhältnis aufgrund von schlechten Gewinnaussichten niedrig, ist ein Kauf wohl eher nicht ratsam. Das heißt, man muss auch immer hinterfragen bzw. recherchieren, warum die Kennzahl hoch bzw. niedrig ist. Was nun hoch und was niedrig ist, das ist in diesem Zusammenhang die Gretchenfrage. Eine gute Hilfestellung bei der Beantwortung liefern die Peer-Group-Vergleiche. Analysten empfehlen in der Regel immer die Unternehmen, die bei diesem Vergleich das niedrigste KGV ausweisen.

Kurs-Buch-Verhältnis (KBV):
Das Kurs-Buch-Verhältnis (KBV) ist eine substanzorientierte Kennzahl. Der Buchwert eines Unternehmens entspricht dem Eigenkapital einer Firma am Bilanzstichtag. Der Buchwert enthält also keine Verbindlichkeiten und zeigt somit an, wie viel ein Unternehmen wert wäre, wenn man es auflösen also liquidieren würde. Das KBV dient folglich der Aussage darüber, wie teuer eine Aktie des Unternehmens im Vergleich zum Buchwert ist.

Grundsätzlich gilt: Ein niedriges Kurs-Buchwert-Verhältnis deutet darauf hin, dass eine Aktie gerade eher günstig zu haben ist. Ein hohes KBV gibt dagegen an, dass sie eher teuer ist. Als Maßstab gilt ein KBV von 1. Bei diesem Kurs-Buchwert-Verhältnis entspricht der Marktpreis genau dem Buchwert eines Unternehmens.

Kurs-Umsatz-Verhältnis (KUV):

Wenn ein Unternehmen kein Gewinn ausweist kommt man mit dem KGV als Bewertungskennzahl nicht weiter, dann ist es sinnvoll das KUV in Betracht zu ziehen. Allgemein gilt ein Wert unter 1 als günstig. Ein Vergleich mit den KUV´s von Wettbewerbern gibt zudem Aufschluss über die relative Bewertung.

Value-Investoren achten darauf, dass das KUV nicht höher als eins notiert. Bei vielen konservativen Branchen, wie etwa im Handel, liegt das KUV auch darunter. Das Manko der Kennziffer: Die Kosten des Unternehmens werden komplett ignoriert. Diese Kosten wirken sich aber stark auf die Profitabilität eines Unternehmens aus. Aus diesem Grund sollten Sie das KUV niemals allein für eine Investitionsentscheidung heranziehen.

Kurs-Cashflow-Verhältnis (KCV):

Grundsätzlich gilt, je niedriger der Wert des KCV, desto höher ist die Wahrscheinlichkeit der Unterbewertung einer Aktie. Als Faustregel gilt unter Börsenanalysten, dass ein KCV unter 1 als Indikator für eine unterbewertete Aktie gelten kann. KCV-Werte zwischen 8 und 15 gelten im Allgemeinen als „fair". Werte darüber sprechen eher für eine Überbewertung einer Aktie.

Das Kurs-Cashflow-Verhältnis hat einen großen Nachteil gegenüber dem Kurs-Gewinn-Verhältnis. Aufgrund von Investitionszyklen und Stichtagsbetrachtungen des Umlaufvermögens unterliegt der Cash-Flow eines Unternehmens in der Regel wesentlich stärkeren Schwankungen als der Gewinn. Vor diesem Hintergrund hat die Ermittlung des KCV nur für ein einzelnes Jahr eine eher geringe Aussagekraft. Eine stärkere Aussagekraft entfaltet das Kurs-Cashflow-Verhältnis erst in einer mehrjährigen Betrachtung.

Price/Earnings to Growth Ratio (PEG-Ratio):

Das Price/Earnings to Growth Ratio (zu deutsch: Kurs-Gewinn-Wachstums-Verhältnis) ergänzt das KGV um eine dynamische Komponente in Form des zu erwartenden Gewinnwachstums für die kommenden Jahre. Meist werden dabei die Schätzungen für die prozentuale Gewinnentwicklung der nächsten drei bis fünf Jahre verwendet. Bei einem PEG-Ratio von 1 liegen KGV und Gewinnaussichten gleichauf – die Aktie ist fair bewertet. Werte kleiner als 1 deuten auf eine Unterbewertung hin, Werte größer als 1 auf eine Überbewertung.

Dividendenrendite:
Die Dividendenrendite gibt an, wie hoch die Dividende in Relation zum aktuellen Aktienkurs ist. Grundsätzlich gilt: Je höher, desto besser. Wichtig ist, dass Sie die Entwicklung der Dividendenrendite über einen Zeitraum von mehreren Jahren analysieren. So erkennen Sie, ob die Dividendenpolitik des Unternehmens Kontinuität aufweist.

Wichtig zu wissen:

- **Bewertungskennzahlen helfen bei der Aktienanalyse:** Für Sie als Aktionär ist es wichtig, bevor Sie ein Wertpapier kaufen, sich genau die Unternehmen anzuschauen, in die Sie investieren möchten. Hilfreich sind bei der Analyse die sogenannten Bewertungskennzahlen. Dazu zählen unter anderem:
  - Eigenkapitalrendite
  - Eigenkapitalquote
  - Kurs-Gewinn-Verhältnis
  - Kurs-Buch-Verhältnis
  - Kurs-Umsatz-Verhältnis
  - Kurs-Cashflow-Verhältnis

- **Richtig interpretieren:** Beim Vergleich der Kennzahlen, ist insbesondere die Peer-Group zu berücksichtigen. Das heißt, die Interpretation der Zahlen macht nur Sinn, wenn Sie Unternehmen aus einer bestimmten Branche miteinander vergleichen.

Kryptos – Die digitale Assetklasse

Das Schöne an der Börse ist, abgesehen davon, dass man im Idealfall an diesem Finanzplatz Geld verdienen kann, der Umstand, dass es aus Anlegersicht nie langweilig wird. Wie auch, wenn tagtäglich kursbestimmende Nachrichten veröffentlicht werden. Und als wäre das nicht bereits genug Aufregung, gibt es seit nicht allzu langer Zeit mit dem Bitcoin ein viel diskutiertes Dauerthema unter den Börsianern, das für viel Diskussionsstoff sorgt.

Der Begriff Bitcoin steht Synonym für eine gänzlich neue Assetklasse: die Kryptowährungen. Anfangs noch von vielen Skeptikern belächelt erreicht die digitale Internetwährung immer mehr an Akzeptanz. Der jüngste Paukenschlag war die Nachricht, dass erstmalig mit El Salvador ein Staat den Bitcoin als gesetzliches Zahlungsmittel akzeptiert hat. Aus einer kleinen Idee scheint sich etwas Großes zu entwickeln. Doch der Bitcoin ist mittlerweile nicht mehr allein im Krypto-Universum. Neue Bezeichnungen sprießen wie Pilze aus dem Boden und als Anleger fragt man sich, was hinter dieser rasanten Entwicklung steckt. Erfahren Sie in diesem Kapitel alles Wissenswerte zum Thema Bitcoin bzw. Kryptowährungen.

Der Bitcoin – der Pionier aller Kryptowährungen

Kryptos ist umgangssprachlich die Kurzform von Kryptowährung, bzw. -geld und es gibt sie in Form von digitalen Coins. Der Begriff Bitcoin bezeichnet digitale Vermögenswerte, die in Bits und Bytes existieren, und nicht in Scheinen und Münzgeld, wie im klassischen Sinne. Angefangen hat die Entwicklung der Kryptowährungen im Jahre 2009, als ein Programmierer, unter dem Pseudonym Satoshi Nakamoto die Geburtsstunde des Bitcoins einläutete. Satoshi nannte den Bitcoin ein Peer-to-Peer-System für elektronisches Geld. Die Idee war es ein dezentrales System auf Basis der sogenannten Blockchain-Technologie zu erschaffen, dessen Teilnehmer direkt untereinander vernetzt sind und ohne den

Einsatz von klassischen Finanzinstituten sichere Transaktionen tätigen können. Die Absicht war, dass die digitale Währung von keinem Staat und keiner Zentralbank reguliert wird. Ferner sollte sie inflationssicher sein, dazu hat der Erfinder die absolute Menge an produzierbaren Bitcoins auf 21 Millionen begrenzt.

Alle Bitcoins zusammen, sind laut Coin Market Cap mehr als eine Billion Dollar wert. So gesehen ist der Bitcoin nicht nur die bekannteste, sondern auch die beliebteste Kryptowährung der Welt. Wer nachhaltig investieren möchte, für den ist der Bitcoin nicht unbedingt geeignet. Denn die für seine Produktion benötigen Serverfarmen haben einen enorm hohen Stromverbrauch. Dieser steigt noch dazu umso mehr je höher der Bitcoin Preis klettert.

So funktioniert Bitcoin-Mining

Die Bitcoins werden durch das Mining bzw. das Schürfen erschaffen. Rund um die Uhr laufen weltweit Transaktionen ab, bei denen mit Bitcoins gezahlt wird. Alle diese Aktivitäten müssen aufgezeichnet und verwaltet werden, damit sie später nachvollziehbar sind. Dies läuft so ab, dass innerhalb des Netzwerks alle in einem bestimmten Zeitraum stattgefundenen Transaktionen in einer Liste zusammengefasst werden. Diese Liste nennt man Block. Die Funktion des Bitcoin Mining ist die Bestätigung und virtuelle Verbuchung aller Vorgänge innerhalb eines Blocks. Ein bestätigter Block wird in ein virtuelles "Kontenbuch" übertragen, die sogenannte Blockchain.

Um die Sicherheit dieser Hauptquelle zu gewährleisten, erfolgt die Übertragung in die Blockchain erst nach einer Verschlüsselung des Blocks in Form eines Hashs, d. h. einer Aneinanderreihung von Buchstaben und Zahlen. Das Bitcoin Mining besteht also darin, neu fertiggestellte Blocks aufzuspüren, diese in Hashs umzuwandeln und die Hashs dann der Blockchain hinzuzufügen. Dafür gibt es eine Belohnung: Zum einen werden bei der Erstellung neuer Hashs neue Bitcoins erzeugt und zum anderen bekommt der jeweilige Teilnehmer einen Teil der Transaktionsgebühren. Für das Bitcoin Mining ist eine entsprechend leistungsfähige Hardware notwendig, denn die normale Rechenleistung eines

Computers reicht nicht aus, um sich im Konkurrenzkampf mit den Abermillionen Rechnern auf der ganzen Welt zu messen. Während es vor einigen Jahren noch möglich war, allein zu minen lohnt sich dieser Aufwand heute praktisch nicht mehr.

Die maximale Anzahl an Bitcoins ist auf 21 Millionen begrenzt – anders als bei klassischen Währungen wie dem US-Dollar oder dem Euro ist einfaches Nachdrucken also nicht möglich. Die regelmäßige Halbierung der Belohnung (Halving), die Miner für ihre Rechenleistung bekommen, trägt zu einer Verknappung bei. Da die Preisfindung auf dem freien Markt stattfindet und auf dem Prinzip von Angebot und Nachfrage basiert, hat der Wert des Bitcoins eine beeindruckende Entwicklung hinter sich.

Wie Sie in Bitcoins investieren können

Krypto-Börsen oder Krypto-Handelsplätze sind die richtige Anlaufstelle für alle, die echte Coins kaufen möchten. Bei größeren Krypto-Börsen wie dem deutschen Vertreter Bitcoin.de, amerikanischen Handelsplätzen wie Kraken oder Coinbase und der in Asien ansässigen Börse Binance ist es inzwischen problemlos möglich, größere Kryptowährungen wie Bitcoin oder Monero mit Euro oder US-Dollar zu kaufen.

Die Anmeldung ist bei vielen Krypto-Börsen schon mit der Angabe der E-Mail-Adresse und der Vergabe eines Passwortes erledigt. Die Einzahlung von Euro oder US-Dollar ist anschließend per SEPA-Überweisung oder Kreditkarte möglich und dem Kauf von Bitcoin, Ethereum, Monero und Co. steht nichts mehr im Weg, sobald die Einzahlung verbucht wurde. Die gekauften Coins landen dann im Wallet (=digitale Geldbörse), welche die Börse jedem Nutzer zuweist. Das birgt allerdings auch gewisse Risiken: Wenn Coins bei der Börse liegen und es zu Problemen wie einem Hackerangriff oder einer Schließung des Handelsplatzes kommt, sind die dort lagernden Assets in Gefahr. Es bietet sich daher an, die Coins in ein eigenes Wallet auf dem PC oder auf dem Smartphone auszuzahlen. Eine Alternative ist eine Plattform wie BISON, hinter der die Börse Stuttgart steckt. Zum Konzept von BISON gehört die zuverlässige Aufbewahrung der gekauften Coins durch einen Verwahrer. Ein eigenes Wallet ist somit nicht mehr unbedingt notwendig.

Entscheiden Sie sich für ein eigenes wallet so verfügt dieses über eine eindeutige Kennung und ein kryptografisches Schlüsselpaar („private key" und „public adress"). Der private key dient als digitale Signatur, gleichzusetzen mit einem Passwort, damit Sie über Ihre Bitcoins in der Blockchain verfügen können. Der public key fungiert als öffentliche Adresse, ähnlich einer E-mail-Adresse, an die Bitcoins gesendet werden können. Alle Käufe, Verkäufe und Zahlungen mit Bitcoin sind in Datenblöcken gespeichert, die in einer Kette, der sogenannten Blockchain aneinanderhängen.

Der Bitcoin war der Pionier unter den Kryptowährungen und hat eine Entwicklung entfacht, die ihresgleichen sucht. Laut dem Branchenportal coinmarketcap.com gibt es derzeit fast 9.200 verschiedene Coins und Tokens. Allerdings ist der Bitcoin nach wie vor die prominenteste digitale Währung und gemessen an seiner Marktkapitalisierung auch die unangefochtene Nummer 1. Wer in eine andere Kryptowährung als den Bitcoin investieren möchte hat heute also die Qual der Wahl.

Verfügt der Bitcoin auch zukünftig über Potential?

Hier muss man sich vor Augen halten, dass wie bereits erwähnt die maximale Anzahl an Bitcoins auf 21 Millionen begrenzt ist, was per se schon mal zu einer Verknappung auf der Angebotsseite führt. Welches Potential eine Investition in Bitcoins hat, das kann man nicht pauschal beantworten. Wer weiß schon wohin die Reise mit den Kryptowährungen geht. Etablieren Sie sich auf dem Markt oder verlieren Sie in Zukunft an Beliebtheit? Prinzipiell ist aber festzustellen, dass Kryptowährungen aufgrund ihrer starken Kursschwankungen doch eher für professionelle Trader geeignet sind. Meiner Meinung nach können Privatanleger durchaus in diese Assetklasse investieren, wenn Sie Ihr Investment geringhalten und nicht nervös werden, wenn der Kurs zwischenzeitlich mal Achterbahn fährt.

Positiv zu vermerken ist, dass sich vermehrt auch Banken und Unternehmen im Bitcoin engagieren. Langfristig gesehen, für den Fall, dass diese Entwicklung anhält, spricht das für Zuversicht und Vertrauen von institutioneller Seite in die digitale Währung. Ein Trend, der für die Zukunft positiv stimmt und auch dafür sorgen könnte, dass die extremen Kursschwankungen weniger werden.

Das Krypto Einmaleins – gängige Begriffe:

Blockchain-Technologie:

Eine Blockchain ist eine verteilte, öffentliche Datenbank. Im Kontext von Bitcoin wird diese Datenbank genutzt, um Geldtransaktionen zu verwalten. Der Begriff „Chain" kommt von der Kette, zu der die Transaktionen in chronologischer Reihenfolge hinzugefügt werden.

Bitcoin Halving:

Alle vier Jahre wird der Bitcoin-Betrag, den die Miner erhalten, um die Hälfte reduziert, bis alle 21 Millionen Bitcoin virtuell gemint wurden (ca. im Jahr 2140). Der Mechanismus des Halving macht Bitcoin zu einer knappen, inflationsresistenten Ressource.

Bitcoin Mining:

Mit Bitcoin Mining ist das Schürfen von Bitcoins gemeint. Wenn Teilnehmer des Bitcoin-Netzwerks, die Miner, Zahlungen bestätigen, dann bekommen sie neue Bitcoins als Belohnung. Um der Blockchain einen neuen Block hinzuzufügen, müssen die Informationen aus den alten Blöcken mit den zugehörigen Verschlüsselungen in den neuen Block übertragen werden.

Coin Market Cap:

Coin Market Cap ist die weltweit am meisten referenzierte Website, wenn es um die Preisverfolgung von Krypto-Vermögenswerten im Kryptowährungsbereich geht.

Krypto-Börsen:

Es gibt verschiedene Börsenplätze an denen Kryptowährungen gehandelt werden können. Seriöse Krypto-Börsen sind unter anderem Etoro, Binance, Coinbase, Kraken und Scalable Capital.

Wichtig zu wissen:

- **Knappheit macht den Bitcoin langfristig wertvoll:** Die maximale Anzahl an Bitcoins ist auf 21 Millionen begrenzt – anders als bei klassischen Währungen wie dem US-Dollar oder dem Euro ist einfaches Nachdrucken also nicht möglich. Die regelmäßige Halbierung (Halving) der Belohnung, die Miner für ihre Rechenleistung bekommen, trägt zu einer Verknappung bei.

- **Bitcoin-Mining lohnt in Deutschland nicht mehr:** Für das Bitcoin Mining ist eine sehr leistungsfähige Hardware notwendig, denn die normale Rechenleistung eines Computers reicht nicht aus, um sich im Konkurrenzkampf mit den Abermillionen Rechnern auf der ganzen Welt zu messen.

- **Börsenplätze bieten Zugang für Privatanleger:** Heute kann jeder problemlos in Bitcoins investieren. Seriöse Krypto-Börsen sind unter anderem Etoro, Binance, Coinbase, Kraken und Scalable Capital. Gedanken sollten Sie sich allerdings über eine sichere Verwahrung Ihrer digitalen Währung machen. Ein privates Wallet (digitale Geldbörse) ist der Standard, die Stuttgarter Börse bietet mit ihrer Plattform BISON dazu eine Alternative an.

Limit-Order – Vorteilhafter handeln

Ein großer Vorbehalt vieler Menschen gegenüber der Börse ist, dass die Geldanlage in Wertepapiere große Verlustrisiken birgt. Auch wird von vielen negativ angemerkt, dass der finanzielle Erfolg sehr vom individuellen Glück abhängt. Mag sein, dass die Glückskomponente bei einigen Investments auch zum Tragen kommt, aber man muss hier klar differenzieren. Es gibt das Lager der langfristig orientierten Anleger und das der kurzfristig orientierten Trader. Wer über Jahre oder gar Jahrzehnte hinweg sein Geld regelmäßig in den Aktienmarkt investiert, dem spielt letzten Endes die Zeit in die Karten, bzw. in die Performance und weniger das Glück. Das lässt sich klar an der Entwicklung vieler Aktienfonds über einen längeren Zeitraum hinweg ablesen.

Bei kurzfristig orientierten Tradern sieht das Ganze etwas anders aus. Sie versuchen aktuelle Marktchancen gewinnbringend auszunutzen. Das heißt die Haltedauer eines Wertpapiers ist zumeist sehr kurz und beim Daytrading beträgt die Zeitspanne zwischen Kauf und Verkauf manchmal sogar nur Minuten. Damit das Investieren nicht zur Glückssache wird nutzen Trader das Instrument der Limit- bzw. Stop-Order. Mit ihnen lassen sich chancen- und risikooptimierte Strategien umsetzen. Aber auch für langfristig orientierte Privatanleger ist es von Vorteil die verschiedenen Limit-Arten zu kennen. Erfahren Sie in diesem Kapitel alles Wissenswerte rund um das Thema Limit-Order.

Die Marktet-Order „billigst/bestens"

Die gängigste und oftmals in einer Ordermaske bereits voreingestellte Art von Kauf- und Verkaufsaufträgen sind die Market Orders. Im Fachjargon spricht man beim Kaufen von „billigst" und beim Verkaufen von „bestens". In beiden Fällen handelt es sich um unlimitierte Aufträge. Das heißt die Orderaufträge sind nicht an einen bestimmten Preis gebunden und werden in jedem Fall möglichst zeitnah ausgeführt.

Ein Beispiel für eine Market-Order:

Die BASF Aktie steht aktuell bei 60 Euro. Sie wollen 100 BASF Aktien kaufen und geben einen Auftrag mit dem Zusatz Market (billigst) in die Ordermaske ein. Was nun passieren kann ist folgendes: Ihr Auftrag wird zu einem höheren Preis, zum Beispiel zu 60,50 Euro ausgeführt. Das heißt Sie zahlen unter Umständen mehr als den aktuellen Kurs. Möchten Sie 100 BASF Aktien verkaufen und geben einen Verkaufsauftrag mit dem Zusatz Market (bestens) auf, dann kann es geschehen, dass Ihr Auftrag zum Beispiel zu 59,50 Euro ausgeführt wird. In diesem Fall erhalten Sie weniger als den aktuellen Kurs.

Das Beispiel verdeutlicht, dass Market-Orders wie „billigst", oder „bestens" aus Anlegersicht nachteilig sein können. Der Fokus liegt bei diesem Order-Typ nämlich in der schnellen Realisierung des Auftrages und gerade stärkere Kursschwankungen am Markt können dazu führen, dass der Kauf- oder Verkaufspreis deutlich vom eigentlich anvisierten Preis, den man erzielen möchte, abweicht. Doch es gibt eine praktische Lösung, um das zu verhindern: Die Limit-Order!

Die Limit-Order

Um bei einem Auftrag, den man an der Börse platziert einen bestimmten Preis zu realisieren ist die Limit-Order die richtige Wahl. Im Gegensatz zur Market-Order wird eine Limit-Order nicht zum nächstmöglichen Zeitpunkt ausgeführt, sondern nur zum festgelegten Preis (Limit) oder besser realisiert.

<u>Ein Beispiel für eine Limit-Kauforder:</u>

Die BASF-Aktie steht aktuell bei 60 Euro. Sie möchten die Aktie etwas günstiger kaufen und platzieren daher eine Limit-Kauforder über 100 Aktien zu 58 Euro. Das heißt der Auftrag wird erst ausgeführt, wenn der Kurs der BASF-Aktie 58 Euro erreicht oder darunterfällt.

<u>Ein Beispiel für eine Limit-Verkaufsorder:</u>

Sie haben 100 BASF Aktien in Ihrem Depot. Der aktuelle Kurs der Aktie liegt bei 60 Euro. Sie möchten die Aktien aber höher, zu 62 Euro verkaufen und platzieren eine Limit-Verkaufsorder mit einem Limit von 62 Euro. Der Auftrag wird erst ausgeführt, wenn die Aktie bei 62 Euro oder höher notiert.

Zu den Vorteilen einer Limit-Order zählen:

- Gewährleistung, dass ein Kauf oder Verkauf zum festgelegten Wunschpreis durchgeführt wird.
- Keine ständige Beobachtung des Marktes und der Kursentwicklung notwendig
- Risikominimierung bei hohen Kursschwankungen

Zu den Nachteilen einer Limit-Order zählen:

- Unter Umständen kommt eine Limit-Order nie zur Ausführung, wenn der Wunschkurs einer Aktie nie erreicht wird.
- Möchten Sie ein Wertpapier auf jeden Fall verkaufen, führt kein Weg an der Market-Order vorbei. Alternativ müssen Sie das Limit der bestehenden Order ändern, was jederzeit möglich ist.

Die Stop-Order

Dieser Order-Typ wird vor allem von Tradern gerne verwendet. Bei der oben beschriebenen Limit-Order platzieren Sie einen Auftrag, um zu einem besseren Kurs als dem aktuellen zu kaufen oder zu verkaufen. Bei einer Stop-Order legen sie einen schlechteren Kurs als den aktuellen fest. Mit einer Stop-Buy-Order kaufen sie, wenn ein Wertpapier einen höheren Preis erreicht, und mit einer Stop-Loss-Order verkaufen Sie, wenn der Aktienkurs ein niedrigeres Kursniveau durchbricht. Es gibt gute Gründe, für die Platzierung einer Stop-Order: Zum einen, weil Sie nicht verpassen möchten, eine Aktie in Ihr Depot zu bekommen, wenn das Wertpapier anfängt zu steigen und zum anderen dient eine Stop-Order dazu, Ihr Depot gegen zu große Verluste abzusichern.

Ein Beispiel für eine Stop-Buy-Order:
Die BASF Aktie liegt aktuell bei 60 Euro. Ihre Haltung gegenüber der BASF Aktie ist sehr positiv und Sie gehen davon aus, dass die Aktie noch deutlich zulegen wird, sobald der Aktienkurs die 62 Euro Marke einmal durchbrochen hat. Mit einer Stop-Buy-Order bei 62 Euro erreichen Sie, dass Ihr Auftrag erst dann ausgeführt wird, wenn der festgelegte Kurs von 62 Euro erreicht oder überschritten wird. Die Order wird dann „billigst" ausgeführt.

Ein Beispiel für eine Stop-Loss-Order:
Die BASF-Aktie notiert aktuell bei 60 Euro. Eventuell haben Sie die Aktie sogar günstiger eingekauft und möchten entweder bereits erzielte Gewinne mit der Aktie sichern oder sich vor möglichen Verlusten schützen. Dazu wird eine Stop-Loss-Order bei 50 Euro platziert. Sobald der Kurs der BASF-Aktie die Marke von 50 Euro erreicht oder unterschreitet, werden die Wertpapiere „bestens" also zum nächstmöglichen Preis verkauft.

Die Bedeutung der Ordergültigkeit

Bei einer Market-Order spielt die Ordergültigkeit keine Rolle, da der Auftrag umgehend realisiert wird. Bei Limit-Ordern ist das hingegen ein anderer Fall. Diese werden erst bei Erreichen eines festgelegten Preises ausgeführt. Aus diesem Grund können Sie bei einer Limit-Order auch immer eine Ordergültigkeit mit angeben und damit die Zeitdauer begrenzen, für die der Auftrag gültig sein soll.

Die gängigsten Gültigkeitszusätze sind:

- Tagesgültig
- Ultimo
- Genaues Datum

Eine tagesgültige Order kommt nur zur Ausführung, wenn am gleichen Tag der Limit-Preis erreicht wird. Eine Ultimo-Order ist bis Monatsende gültig. Alternativ können Sie auch ein genaues Datum angeben. Sollte bis dahin die Limit-Order nicht ausgeführt worden sein, läuft diese automatisch ab und es müsste ein neuer Auftrag platziert werden.

Wichtig zu wissen:

- **Die Market-Order:** Wenn Sie Wertpapiere auf jeden Fall kaufen oder verkaufen möchten, dann wählen sie die Market-Order. Eine Ausführung des Auftrages wird zum nächstmöglichen Preis realisiert.

- **Die Limit-Order:** Um sicherzugehen, dass Sie Ihre Wertpapiere zu Ihrem Wunschpreis kaufen oder verkaufen, führt an der Limit-Order kein Weg vorbei. Insbesondere bei Wertpapieren, die selten gehandelt werden, könnten Sie mit einer Market-Order böse Überraschungen erleiden.

- **Die Stop-Order:** Dieser Ordertyp eignet sich vor allem dazu, um Gewinne abzusichern, bzw. sein Depot vor größeren Verlusten zu schützen. Die Order wird ausgeführt, sobald ein festgelegtes Kursniveau erreicht bzw. durchbrochen wird.

Megatrends – **Der Blick in die Zukunft**

„Mega" stammt von dem griechischen Wort méga, das groß bedeutet. Heute ist das Wort fest in der deutschen Sprache etabliert und wird in der Regel dazu verwandt etwas Großartiges oder Hervorragendes zu beschreiben, das sich vom Durchschnitt abhebt. Ob Mega-Hits, Mega-Stars oder Mega-Konzerne; dieser Zusatz verleiht dem dazugehörigen Substantiv eine größere Dimension und sorgt dafür, dass es als etwas außergewöhnlich Großes wahrgenommen wird.

Um Wahrnehmung geht es auch immer an der Börse. Investoren sind stets auf der Suche nach aktuellen und vor allem zukunftsgerichteten Themen, die nachhaltig über das Potential verfügen, um die Aktienkurse von Unternehmen steigen zu lassen. Analysten sprechen in diesem Zusammenhang von den Megatrends, die großes Wachstumspotential für Unternehmen aus einer bestimmten Branche versprechen.

Wer frühzeitig die Gewinneraktien eines solchen Megatrends identifiziert dem winkt eine satte Rendite. Aber es ist auch Vorsicht geboten. Mitunter erlebt man so manche Übertreibungen an der Börse und diese sollten Anleger auch zur Vorsicht mahnen. Das ist dann der Fall, wenn ein Trend so euphorisch gehypt wird, dass es die Aktienkurse in schwindelerregende Höhen treibt, ohne dass die fundamentalen Bewertungskennzahlen dies rechtfertigen. Erfahren Sie in diesem Kapitel mehr über Megatrends und lernen Sie welche Möglichkeiten es gibt in diese zu investieren.

Das versteht man unter Megatrends

Megatrends sind starke, langfristige, transformative Veränderungen, die die Welt von heute und morgen prägen. Zu den Beschleunigern zählen der technologische Fortschritt, demografische Verschiebungen aber auch der Klima- und Umweltschutz. Ein Megatrend hat das Potential ganze Branchen und Wirtschaftszweige für viele Jahre zu prägen mit der Folge, dass er bestehende Geschäftsmodelle revolutioniert und somit

Wegbereiter ist für nachhaltiges Wachstum. Man könnte im übertragenen Sinn den Megatrend auch als den Treibstoff für die Börse bezeichnen. Für Sie als Anleger kann sich das Identifizieren von Megatrends und das anschließende Investieren an der Börse durchaus lohnen. Es gibt genügend Beispiele von Aktien, deren Kursentwicklung nachhaltig von einem Megatrend profitiert haben.

Ein Überblick zu aktuellen Megatrends

Es gibt eine Vielzahl von Trends, die an der Börse heiß diskutiert werden und manche davon verdienen zurecht das Prädikat Megatrend. Für Sie als Anleger führt kein Weg daran vorbei, sich selbst zu informieren und sich ein Bild darüber zu machen, wie die einzelnen Trends zu bewerten sind. Ob sich ein Investment in eines dieser Trendthemen lohnt, dass obliegt Ihrer Meinung und sie sollten sich nicht von reißerischer Werbung zu etwas verleiten lassen, von dem Sie nicht selbst überzeugt sind. Informationen zu den Trends, die an der Börse momentan, aber auch zukünftig eine gewichtige Rolle spielen erhalten Sie zum Beispiel über Börsenmagazine, Finanzportale, Fondsgesellschaften oder Vermögensberatungen. Im Folgenden eine Auflistung einiger (Mega-)Trends, die bei diesen Finanzakteuren gerade besonders im Fokus stehen:

- Künstliche Intelligenz
- Batterielösungen
- Bio-Revolution
- Cloud Computing
- Cybersicherheit
- Metaverse
- Silver Society bzw. Demografischer Wandel
- Urbansierung
- Klimawandel und Ressourcenknappheit

Eine Megatrend-Map finden Sie auf der Internetseite des Zukunftinstituts.

Wie Sie in Megatrends investieren können

Haben Sie nach gründlicher Recherche für sich eine Entscheidung getroffen, geht es an die Umsetzung. Ein Investment in Megatrends lohnt vor allem für langfristig orientierte Anleger. Denn diese Trends entwickeln sich meist über viele Jahre hinweg stetig weiter. Das heißt wiederum, dass die Unternehmen, die diese Trends prägen und von ihnen profitieren häufig sehr innovativ und wachstumsstark sind. Im Folgenden drei Möglichkeiten, wie Sie in Megatrends an der Börse investieren können:

Kauf von Themen-ETFs:

Eine gute Möglichkeit bieten meiner Meinung nach sogenannte Themeninvestments. Hier können Sie als Anleger über den Kauf eines entsprechenden Aktienfonds (ETF) an einem ganz bestimmten Trend, der von diesem Fonds abgebildet wird, profitieren. Sie umgehen somit das Klumpenrisiko, das sie durch den Kauf einzelner Aktien hätten. Stattdessen setzen Sie auf mehrere Titel, eine ganzen Aktienkorb, aus dem sich der ETF zusammensetzt. Je nach Ausgestaltung des ETFs kann sich der Aktienkorb aus über 50 oder deutlich mehr Unternehmen zusammensetzen. Dennoch gilt es das Risiko zu beachten, dass ein Themen-ETF zwar breit gestreut ist, allerdings nur innerhalb eines bestimmten Sektors. Mehr Informationen über Themen-ETFs finden Sie unter anderem auf den Finanzportalen von justETF und extraETF.

Kauf von Partizipations-Zertifikaten:

Mit dem Kauf von strukturierten Anlagelösungen in Form von sogenannten Partizipations-Zertifikaten, wie sie zum Beispiel von Vontobel und anderen Bankhäusern angeboten werden, können Sie ebenfalls themenbezogen investieren. Die Idee, die dahintersteckt ist die, dass der Emittent einen Trend für die Anleger mit einem Zertifikat investierbar macht. Dazu wird ein Index aufgelegt, der sich aus verschiedenen börsennotierten Unternehmen aus dieser Trendbranche zusammensetzt. Durch den Erwerb eines Partizipations-Zertifikates auf den Index partizipieren Sie, je nach Ausgestaltung des Finanzproduktes, eins zu eins an den

Gewinnen aber auch an den Verlusten. Dadurch dass man die Aktienauswahl für den Index dem Emittenten überlässt, erspart man sich die mühselige Recherche nach vielversprechenden Einzelwerten. Zu den Vorteilen von Partizipationszertifikaten gehören die Risikostreuung und die Möglichkeit bereits mit wenig Kapitaleinsatz in verschiedene Unternehmen investieren zu können.

Mehr Informationen zur Funktionsweise, den Vorteilen und den Risiken von Partizipationszertifikaten finden Sie auf den Internetseiten der Emittenten.

Kauf von einzelnen Aktien:

Wenn schon einzelne Aktien, dann aber die Richtigen. Nur welche sind das, fragen Sie sich natürlich. Die etablierten Unternehmen, die den Trend an der Börse so richtig ins Rollen gebracht haben, deren Aktienkurs aber auch schon sehr gestiegen ist, oder vielleicht lieber doch die Aktien von dem Unternehmen, das vielleicht eine ähnliche Erfolgsstory wird. Es spricht einiges dafür auf die etablierten Unternehmen zu setzen. Dass der Aktienkurs hoch ist, hat zumeist gute Gründe und eben jene sind meistens auch so stark, dass diese Unternehmen auch langfristig und nachhaltig von einem Megatrend profitieren werden. Es ist allerdings sinnvoll den Einstiegszeitpunkt bei erfolgreichen Aktien geschickt zu wählen. Hier bietet es sich an eine allgemeine Marktschwäche als Kaufgelegenheit zu sehen, getreu dem Motto „Buy-the-dip". Wie sehr sich diese Strategie gerade langfristig auszahlt, können Sie unter anderem an der Entwicklung der Apple Aktie ablesen. Wer hier konservativ denkt und „nur" auf die Schwergewichte eines Trends setzt, gehört am Ende dann eben doch zu den Gewinnern.

Wichtig zu wissen:

- **Bilden Sie sich Ihre eigene Meinung:** An einer umfangreichen Recherche führt kein Weg vorbei. Informationen zu den Trends, die an der Börse momentan, aber auch zukünftig eine gewichtige Rolle spielen erhalten Sie zum Beispiel über Börsenmagazine, Finanzportale, Fondsgesellschaften oder Vermögensberatungen.

- **Investieren in Megatrends:** Hier haben Sie verschiedene Möglichkeiten. Sie können zum Beispiel in Themen-ETFs, in Partizipations-Zertifikate oder in ausgewählte Aktien investieren.

Informationen im Internet:

https://www.zukunftsinstitut.de

Neuemissionen – Chancen auf Zeichnungsgewinne

Es gab und gibt immer mal wieder Zeiten an der Börse, in denen das Thema Neuemissionen ganz besonders en vogue ist, besonders wenn das Marktumfeld für Aktien attraktiv ist. Zu Zeiten des Neuen Marktes zwischen 1999 und 2000 als regelrechte Börseneuphorie vorherrschte, waren die meisten Börsengänge derart erfolgreich, dass es teilweise zu spektakulären Zeichnungsgewinnen für Aktionäre kam. Rückblickend wissen wir das dies eine Ausnahmesituation war, die mit dem Platzen der Börsenblase 2001 ein jähes Ende fand.

Nichtsdestotrotz haben Börsengänge von Unternehmen nichts an ihrer Attraktivität verloren. Für Anleger ist es nach wie vor eine interessante Möglichkeit sich früh an einem Unternehmen zu beteiligen, von dessen langfristigen Erfolgsaussichten man überzeugt ist. Lernen Sie in diesem Kapitel, was es mit den Börsengängen von Unternehmen auf sich hat und wie Sie als Privatanleger daran teilhaben können.

Wie es zu Neuemissionen kommt

Entschließen sich Unternehmen, erstmals mit ihren Aktien an die Börse zu gehen, dann nennt man dies eine Neuemission – auch als IPO (initial public offering) bezeichnet. Eines der wichtigsten Motive für einen Börsengang ist es, dem Unternehmen durch Ausgabe von Aktien neue finanzielle Mittel zuzuführen. Dieses Kapital dient einerseits der Finanzierung von Wachstum, andererseits der Eigenkapitalstärkung. Zudem dient ein Börsengang der Steigerung des Bekanntheitsgrades und der Wettbewerbsfähigkeit.

Der typische Ablauf eines Börsengangs

Neuemissionen bzw. IPOs sind im Allgemeinen sehr teure und langwierige Prozesse, die einige Vorbereitung erfordern. Daher sind kommende IPOs anfangs oftmals nicht genau datierbar und das genaue Datum des Börsengangs steht häufig erst kurz vor dem ersten Handelstag der Aktie fest. Unternehmen prüfen in der Regel schon vor der Entscheidung zum Börsengang, ob sie die Börsenreife erreicht haben. Dies geschieht durch bankenunabhängige IPO-Berater. Im Folgenden der typische Ablauf eines Börsengangs:

Emissionsbank und Transaktionsstruktur:
Geben die Berater grünes Licht, muss das Unternehmen anschließend nach Emissionsbanken suchen, die den Börsengang gegen Provision begleiten. Unter diesen Banken wird dann in der Regel eine Bank als Konsortialführer festgelegt, die die Leitung des Börsenganges übernimmt. Die Banken legen gemeinsam die sogenannte Transaktionsstruktur fest. Dabei wird zum einen der gewollte oder erwartete Investorenkreis hinsichtlich geografischer Herkunft und Art (Mitarbeiter, Kleinanleger, Investmentfonds, Staatsfonds etc.) abgeschätzt und erste Entscheidungen getroffen. Das kann zum Beispiel eine bevorzugte Zuteilung mit Rabatt für Mitarbeiter und Kleinanleger sein.

Darstellung des Unternehmens:
Nachdem Banken und Transaktionsstruktur festgelegt sind, lässt das Unternehmen als nächstes eine Due-Diligence Prüfung durchführen, um einerseits die rechtlichen, andererseits die wirtschaftlichen und organisatorischen Gegebenheiten des Unternehmens auf Risiken und Potentiale zu untersuchen. Die Due Diligence Reports (Prüfungsberichte) der beauftragten Wirtschaftsprüfer werden in der Regel nicht veröffentlicht, ihr Inhalt trägt jedoch gemeinsam mit dem Businessplan wesentlich bei zur Gestaltung des Argumentationskonzeptes, mit dem dann für die Neuemission geworben wird.

Wichtig zu wissen: Dieses Konzept bildet die Grundlage für den rechtlich verbindlichen Börsenprospekt, der allen Investoren zur Verfügung gestellt wird. Ohne diesen Prospekt kann das Unternehmen auch keine Zulassung zum Handel an der ausgewählten Börse bzw. einem bestimmten Börsensegment (zum Beispiel DAX) beantragen.

Erstellung von Finanzanalysen:

Als Nächstes lassen die Konsortialbanken Reserach-Reports erstellen, die das Marktpotenzial und den jetzigen Zustand des Unternehmens beschreiben. Sie enthalten zudem die Historie des Unternehmens, aktuelle Entwicklungen und Chancen- und Risikoanalysen. Sie werden verfasst, um einen fairen Börsenwert des Unternehmens zu ermitteln und tragen so dazu bei, dass der Emissionspreis festgesetzt werden kann. Aufgrund von Haftungsrisiken werden diese Finanzanalysen in der Phase des Börsengangs oft nur an ausgewählte Investoren verteilt.

Bookbuilding und Emissionspreis:

In sogenannten Road-Shows wird seitens der Banken versucht potenzielle Investorengruppen von der Neuemission mithilfe der angefertigten Finanzanalysen von einer Investition in die neuen Aktien zu überzeugen. Es findet meist das Bookbuilding-Verfahren Anwendung. Dabei können interessierte Investoren innerhalb einer bestimmten Zeichnungsfrist in einer vorgegebenen Preisspanne für den Kauf bieten. Auf diese Weise wird der mutmaßliche Emissionspreis ermittelt. Alternativ kann auch ein sogenannter Festpreis festgelegt werden.

Zeichnung und Zuteilung:

Daraufhin werden die Aktien in der Zeichnungsfrist öffentlich angeboten. Während der Frist müssen sich die Interessenten festlegen, welche Aktien sie zu welchem Maximalpreis erwerben möchten. Ist das Interesse größer als das Angebot, gilt die Neuemission als überzeichnet. In diesen Fällen steigt der Aktienkurs nach dem Börsengang mit großer Wahrscheinlichkeit deutlich. Werden hingegen nicht alle Aktien gezeichnet, ist ein Kursabschlag wahrscheinlich.

Nach der Zeichnungsfrist werden die Order-Bücher geschlossen und die Aktien zugeteilt. Auch der Emissionspreis wird dann endgültig festgelegt. Zum Tag des Börsengangs wird die Aktie mit der Erstnotierung erstmals an der Börse gehandelt. Abhängig davon, ob ein Anleger bei der Zuteilung der Aktien berücksichtigt wurde, kann er jetzt, sofern der Börsenkurs über dem Ausgabekurs liegt Zeichnungsgewinne realisieren.

Wichtig zu wissen:

- **Grundsätzlich ist ein Börsengang positiv zu werten:** Ein wichtiges Motiv für einen Börsengang ist es, dem Unternehmen durch Ausgabe von Aktien neue finanzielle Mittel zuzuführen. Dieses Kapital dient einerseits der Finanzierung von Wachstum, andererseits der Eigenkapitalstärkung. So gesehen ist ein Gang an die Börse grundsätzlich erst mal positiv zu betrachten.

- **Zeichnungsgewinne:** Für Privatanleger ist ein Börsengang ein interessanter Vorgang, der mitunter hohe Zeichnungsgewinne verspricht, da der Ausgabepreis neu gezeichneter Aktien oft niedriger ist als der spätere Eröffnungskurs bei Börsenstart. Allerdings sind diese Zeichnungsgewinne keine Selbstläufer. Ob eine Neuemission erfolgreich verläuft, hängt vor allem von der Marktstimmung an der Börse und der Nachfrage ab.

- **Bessere Zuteilungschancen:** Gerade bei sehr nachgefragten Börsengängen haben Sie in der Regel nur Chancen auf eine Zuteilung der Aktien, wenn Sie Kunde der konsortialführenden Bank sind.

Informationen im Internet:

https://www.boerse.de/ipos/

Optionsscheine – Nur für Profis mit Fachwissen

Zu den Klassikern bei den derivativen Finanzprodukten zählt der Optionsschein. Insbesondere Börsenprofis nutzen diese Wertpapiere (auch unter dem englischen Begriff „Warrants bekannt"), um bereits von kleinen Kursbewegungen am Aktien-, Rohstoff- oder Devisenmarkt überproportional zu profitieren. Es ist unumstritten, dass Optionsscheine aufgrund ihrer komplexen Preisermittlung im Vergleich zu anderen Finanzprodukten besonders hohe Risiken aufweisen. Nichtsdestotrotz werden in diesem Kapitel, wenn auch etwas verkürzt, die wesentlichen Eigenschaften von Optionsscheinen vorgestellt. Mehr Informationen zu weiteren derivativen Finanzprodukten finden Sie im Kapitel Zertifikate.

Das versteht man unter Optionsscheinen

Optionsscheine sind strukturierte Finanzprodukte. Sie werden von Banken oder Wertpapierhandelshäusern herausgegeben und beziehen sich auf einen Basiswert. Basiswerte können Indizes sein oder Einzelaktien. Auch Währungen, Zinssätze sowie Rohstoffe sind gängige Basiswerte. Optionsscheine eignen sich zur Umsetzung bestimmter Handelsstrategien und werden in erster Linie von risikobereiten Anlegern für kurzfristige Spekulationen verwendet.

Der Reiz bei diesen Produkten liegt in der Hebelwirkung, womit überdurchschnittlich von den Bewegungen eines Basiswertes profitiert werden kann. Mit Optionsscheinen lassen sich bereits bei wenig Kapitaleinsatz hohe Gewinne erzielen. Allerdings ist Vorsicht geboten denn der Hebel wirkt auch in die andere Richtung, sodass bei ungünstiger Entwicklung überproportionale Verluste bis hin zum Totalverlust entstehen können.

Während für den Handel von herkömmlichen Optionen ein Zugang zu einer speziellen Terminbörse wie zum Beispiel die Eurex notwendig ist reicht es für den Kauf und Verkauf von Optionsscheinen, wenn Privatanleger Kunde eines Brokers sind.

Die Funktionsweise

Durch den Kauf von Optionsscheinen erwerben Investoren nur das Recht, nicht aber die Pflicht, eine bestimmte Menge eines Basiswertes zu einem im Voraus festgelegten Preis, zu einem späteren Zeitpunkt zu kaufen bzw. zu verkaufen. Auch müssen Anleger nicht befürchten, dass Sie den dem Optionsschein zugrunde liegenden Basiswert am Verfallstag tatsächlich zum vereinbarten Preis erwerben bzw. liefern müssen. Denn Optionsscheine können jederzeit an der Börse zum aktuellen Kurs bis zum Verfallstag gehandelt werden. Der Verfallstag ist der Tag, an dem bzw. bis zu dem das Optionsrecht spätestens ausgeübt werden kann. Wichtig zu wissen: Die Laufzeit von Optionsscheinen ist also begrenzt. Das ist unter anderem ein wichtiges Kriterium bei der Auswahl des passenden Optionsscheines.

Optionsscheine bieten Anlegern genau zwei Trading-Möglichkeiten: Sie können entweder auf steigende oder auf fallende Kurse setzen. Die sogenannten Call-Optionsscheine gewinnen grundsätzlich bei steigenden Basiswerten an Wert, während Put-Optionsscheine von fallenden Kursen des Basiswertes profitieren. Ihre Strategie könnte demnach wie folgt aussehen: Wenn Ihre Erwartungshaltung ist, dass ein bestimmter Basiswert in der Zukunft steigen wird, dann kaufen Sie einen Call-Optionsschein. Gehen Sie hingegen von einem Kursrückgang beim Basiswert aus, dann entscheiden Sie sich für den Kauf eines Put-Optionsscheines.

Kriterien bei der Auswahl des Optionsscheines

Die Berechnung des Optionsscheinkurses ist recht komplex, da es einige Einflussfaktoren gibt, die hier eine Rolle spielen. Im Folgenden einige der wichtigsten Kriterien, die bei der Wahl des passenden Optionsscheines berücksichtigt werden müssen.

Hebel:

Mit dem Hebel steuert man wesentlich zu welchem Risikograd man investiert. Denn der Hebel gibt an, um wie viel Prozent sich der Wert eines Optionsscheins verändert, wenn sich der Basiswert um 1 Prozent verändert – unter der Voraussetzung, dass alle anderen Einflussfaktoren auf den Preis des Optionsscheins konstant bleiben. Dabei gilt: Je geringer der Wert eines Optionsscheins, umso stärker ist die Hebelwirkung – und umgekehrt.

Aufgeld (Zeitwert):

Der Zeitwert kann – vereinfacht ausgedrückt – als eine Prämie dafür verstanden werden, dass die Spekulation im Zeitverlauf aufgeht. Für die Bezeichnung Zeitwert wird in der Praxis häufig auch der Ausdruck Aufgeld verwendet. Das Aufgeld wird ermittelt, um Derivate, vor allem Optionsscheine, zu einem bestimmten Zeitpunkt zu bewerten. In der Regel wird zur besseren Einschätzung des Optionsscheins das Aufgeld bezogen auf ein Laufzeitjahr (jährliches Aufgeld) ausgewiesen. Bei der Auswahl des passenden Optionsscheines ist es wichtig diese Größe zu berücksichtigen. Trauen Sie zum Beispiel einer Aktie nur ein Aufwärts-Potenzial von 5 bis 10% zu, sollten Sie keinen Optionsschein mit einem Aufgeld von 10% auswählen. Selbst wenn die Aktie um 10% steigt, würden Sie nur die Gewinnschwelle erreichen, also am Ende bei +-0 liegen. Grundsätzlich sollten Sie sich folgendes merken: Der Zeitwertverlust beschleunigt sich zum Ende der Laufzeit.

Am Geld, im Geld, aus dem Geld:

Um das Kursverhalten eines Optionsscheines aus dem Zeitwertverlust besser einschätzen zu können, ist eine Unterscheidung zwischen Scheinen, die „aus dem Geld", „am Geld" und „im Geld" notieren, erforderlich. Optionsscheine sind aus dem Geld, wenn der vereinbarte Basispreis bei einem Call über dem aktuellen Kurs des Basiswerts liegt, bzw. unter bei einem Put.

Ist ein Optionsschein am Geld, entspricht der vereinbarte Basispreis ungefähr dem aktuellen Kurs des Basiswerts. Diese Optionsscheine besitzen oft eine hohe Hebelwirkung und vollziehen enorme Kurssprünge in beide Richtungen. Die Unsicherheit bei solchen Optionsscheinen drückt sich in einem sehr hohen Zeitwertanteil aus. Diese Papiere leiden daher in den letzten Monaten ihrer Laufzeit auch am stärksten unter dem Zeitwertwertverlust.

Optionsscheine sind im Geld, wenn der vereinbarte Basispreis bei einem Call unter dem aktuellen Kurs des Basiswerts liegt, bzw. über bei einem Put. Diese Optionsscheine besitzen einen hohen inneren Wert und der Zeitwertanteil ist vergleichsweise gering. Der Zeitwertverlust ist daher eher moderat. Die Hebelwirkung ist geringer als bei Optionsscheinen „am Geld".

Wichtig zu wissen:

- **Hohe Verlustrisiken:** Der Handel mit Optionsscheinen ist mit hohen Verlustrisiken verbunden. Privatanleger sollten sich hier zunächst umfassend informieren und beraten lassen. Fachwissen vermittelt zum Beispiel die Deutsche Börse über entsprechende Seminare.

Informationen im Internet:

https://academy.deutsche-boerse.com

Psychologie – Mentale Stärke als Erfolgsfaktor

Wie oft hat man von Profisportlern in Interviews schon den Satz gehört „Der Grund, warum ich gewonnen habe, lag an meiner mentalen Stärke". Nicht selten beobachtet man das Phänomen, ob im Fußball, im Tennis oder in anderen Sportarten, dass ein Verlierer schon festzustehen scheint. Doch die mutmaßlich Unterlegenen wenden oft noch das Blatt zu ihren Gunsten. Unbestritten liegt der Hauptgrund in eben jener mentalen Stärke. Was für den Sport zutrifft, das trifft im Besonderen auch für die Börse zu. Gerade hier, wo es manchmal ziemlich ruppig zugeht, was die Kursbewegungen betrifft, sind Nerven wie Drahtseil Gold wert, um keine emotionsgeleiteten Fehler zu begehen. In der Börsenfachliteratur hat sich eigens dafür der Fachbereich Behavioral Finance entwickelt, der sich mit der Psychologie der Anleger beschäftigt.

In diesem Kapitel erfahren Sie mehr zu diesem Thema und vielleicht hilft es Ihnen dabei in heiklen Börsenphasen einen kühlen Kopf zu bewahren.

Die Behavioral Finance Theorie

Die Behavioral Finance beschäftigt sich mit der Psychologie der Anleger und dabei stehen die typischen Verhaltensweisen von Aktionären im Mittelpunkt des Interesses. Es wird untersucht, wie bestimmte Anlageentscheidungen zustande kommen, auch wird nach möglichen Ursachen geforscht, welche zu bestimmten und häufig wiederkehrenden Fehlern führen. Die wichtigste These in der Behavioral Finance ist, dass Anleger nicht zwingend nach dem homo oeconomicus Prinzip handeln, was bedeuten würde, dass Aktionäre stets rational basierend auf vollständiger Information handeln. Stattdessen wird das Gegenteil angenommen, nämlich dass Anleger irrational agieren. Die Frage lautet nun: Was beeinflusst dann das Anlegerverhalten?

Es gibt viele Faktoren, die hier eine wichtige Rolle spielen und Einfluss auf die Entscheidungsfindung eines Anlegers ausüben. Die allermeisten leiten sich von der Persönlichkeitsstruktur eines Menschen ab.

Ängstliche Menschen bringen andere Voraussetzungen für den Börsenhandel mit als Menschen, die vor Selbstbewusstsein nur so strotzen. Beide Eigenschaften können sich sowohl positiv als auch negativ beim Investieren an der Börse auswirken. Ein sehr wichtiger Aspekt, der das Anlegerverhalten von allen Börsianern nachhaltig beeinflusst ist die Erwartungshaltung!

Die Bedeutung der Erwartungshaltung

Warum ist diese so wichtig? Betrachten wir dazu erst einmal das, um was es an der Börse grundsätzlich geht. Im Mittelpunkt aller Marktteilnehmer stehen die Zahlen und Fakten von den börsennotierten Unternehmen wie Umsätze, Gewinne oder Wachstumsprognosen. Auf deren Basis bilden sich bei den Investoren wie auch bei den Analysten konkrete Meinungen und letzten Endes ganz bestimmte Erwartungen an die Unternehmen. Das heißt, es gibt an der Börse immer ein Zusammenspiel zwischen der Erwartungshaltung auf der einen Seite und der Erfüllungskomponente auf der anderen Seite.

Dieses Zusammenspiel ist ursächlich für die Kursbewegungen an der Börse. Werden Erwartungen von den Marktteilnehmern erfüllt oder gar übererfüllt reagiert die Börse meist positiv darauf, im umgekehrten Fall führen schlechter als erwartete Nachrichten oft zu einer negativen Reaktion. Leider besitzen diese Aussagen keinen allgemeingültigen Charakter, denn genauso gut kann die Reaktion an der Börse in die andere Richtung ausfallen. Das, obwohl es von der eigentlichen Logik her eher schwer zu verstehen ist. Was mag hier der Grund sein?

Die Gretchenfrage an der Börse

Da führen die meisten Börsenexperten folgende Erklärung an und diese ist auch meiner Meinung nach sehr nachvollziehbar. Die Frage die man sich als Investor nämlich stellen muss ist die folgende: Inwieweit hat der Markt die Erwartungen bereits in den Kursen eingepreist? Zugegeben, diese Frage ist nicht so einfach zu beantworten und viele Investoren verlassen sich hier zum Großteil auf ihre Erfahrung.

Zum besseren Verständnis ein Beispiel dazu. Nehmen wir die regelmäßig stattfindenden Sitzungen der amerikanischen Notenbank FED. Die Gretchenfrage bei diesen Sitzungen ist stets dieselbe: Wie äußert sich die Notenbank bezüglich ihrer zukünftigen Geldpolitik? Gibt es Aussagen, Andeutungen oder sonstige Hinweise zu einer möglichen Zinsentscheidung? Eines ist klar, und das muss man als Anleger wissen, der Markt hat eine gewisse Erwartung dazu und am Tag der Notenbanksitzung kann es entweder zu einer Bestätigung oder zu einer Enttäuschung dieser Erwartung kommen. Und jetzt heißt es aufgepasst und hier kommt vielen Investoren ihre langjährige Erfahrung zugute.

Nicht selten ist es so, dass der Markt bereits im Vorfeld zu einer Notenbanksitzung eine positive oder negative Nachricht antizipiert und die Indizes bzw. die Aktienkurse entsprechend reagieren. Die Erwartungshaltung ist somit an der Börse oft bereits sehr früh eingepreist. Was nun am Nachrichtentag folgt ist dann nur noch eine Bestätigung dessen, was der Markt ohnehin bereits vollzogen hat und die Kurse reagieren mitunter etwas untypisch.

Das muss so in der Realität nicht geschehen, aber ich möchte Sie mit diesem Beispiel darauf sensibilisieren achtsam zu sein bezüglich starken Kursbewegungen bei einzelnen Aktien bzw. Indizes, die unmittelbar vor einem wichtigen Ereignis stattfinden. Die Börse verhält sich eben, wie es die Behavioral Finance Theorie so schön postuliert, nicht immer rational. Mit paradoxen Reaktionen ist an der Börse immer zu rechnen.

Darauf kommt es in schwierigen Börsenphasen an

An der Börse in Panik zu verfallen ist nicht zielführend. Doch wie soll ich mich verhalten, wenn es mal Drunter und Drüber zugeht? Da hilft vor allem eines: ein konsequentes Risikomanagement! Das ist das A und O, um langfristig erfolgreich zu sein. Die einfachste und bekannteste Regel lautet: Gewinne laufen lassen und Verluste begrenzen. Gerade in turbulenten Zeiten sind vorher fest definierte Verlustgrenzen, zu denen verkauft wird ein gutes Mittel, um sich vor größeren Verlusten zu schützen. Mit einer entsprechenden Stopp-Loss-Verkaufsorder können sie das einfach umsetzen. Privatanleger neigen dazu an einer Aktie, die sich schlecht entwickelt krampfhaft festzuhalten, nach dem Motto: die Aktie wird schon wieder steigen.

Eines sollten Sie sich hier immer vor Augen führen: den perfekten Ein- und Ausstiegszeitpunkt den trifft man in der Regel nie, aber das ist auf lange Sicht auch nicht notwendig. Ein solides Risikomanagement hingegen schon.

Wichtig zu wissen:

- **Anleger handeln irrational:** Die wichtigste These in der Behavioral Finance ist, dass Anleger nicht zwingend nach dem homo oeconomicus Prinzip handeln, was bedeuten würde, dass Aktionäre stets rational basierend auf vollständiger Information handeln. Stattdessen wird das Gegenteil angenommen, nämlich dass Anleger irrational agieren.

- **Die Gretchenfrage mit der Erwartung:** Es gibt an der Börse immer ein Zusammenspiel zwischen der Erwartungshaltung auf der einen Seite und der Erfüllungskomponente auf der anderen Seite. Dieses Zusammenspiel ist ursächlich für die Kursbewegungen an der Börse. Wichtig ist es sich stets die Frage zu stellen: Inwieweit hat der Markt die Erwartungen bereits in den Kursen eingepreist?

- **Konsequentes Risikomanagement:** Gerade in turbulenten Zeiten sind vorher fest definierte Verlustgrenzen, zu denen verkauft wird ein gutes Mittel, um sich vor größeren Verlusten zu schützen. Mit einer entsprechenden Stopp-Loss-Verkaufsorder können Sie das einfach umsetzen.

Quantitative Lockerung – Expansive Geldpolitik

In der Börsenberichterstattung ist immer wieder davon die Rede, dass der Leitzins der Europäischen Zentralbank (EZB) und der amerikanischen Notenbank (FED) bei Null Prozent liegt und die Märkte als Konsequenz daraus sprichwörtlich von den Banken mit Geld geflutet werden. Als Ursache wird in diesem Zusammenhang der Begriff der „Quantitativen Lockerung" erwähnt. Erfahren Sie in diesem Kapitel was damit genau gemeint ist.

Das Ausgangsszenario

Um den Begriff „Quantitative Lockerung" zu verstehen und wie es dazu überhaupt kommt hilft zunächst ein Blick auf die Ausgangssituation. Ein Ziel der EZB ist unter anderem die Bekämpfung einer Deflation, bei der aus unterschiedlichen Gründen zu wenig konsumiert wird und die Unternehmen als Folge zu wenig investieren. Mangelnde Investitionen führen hierbei zu einer geringeren Geldmenge, die sich im Umlauf befindet. Um eine aufkommende Deflation zu verhindern, senkte die EZB in der Vergangenheit in regelmäßigen Abständen ihren Leitzins. Die Idee dahinter war folgende: Der Leitzins ist der Zinssatz, zu dem sich die Geschäftsbanken Geld bei der EZB ausborgen können. Die Zinssenkungen führen in der Praxis dazu, dass die Banken wiederum vermehrt billige Kredite an Unternehmen und Konsumenten vergeben. Dadurch werden Anreize für den Konsum erzeugt, die Folge ist eine ansteigende Geldmenge und so würde eine aufkommende Deflation bekämpft werden.

Allerdings funktionierte dieser Plan der Zentralbank nur bedingt, denn Unternehmen und Konsumenten investieren und konsumieren nur, wenn sie ausreichend Vertrauen in die Wirtschaft haben. Ein weiteres Problem stellt sich ein, wenn der Leitzins bei Null Prozent liegt und es keinen weiteren Zinssenkungsspielraum mehr gibt. Das heißt es müssen andere Maßnahmen ergriffen werden. Die Lösung der Zentralbanken lautet hier: Quantitative Lockerung.

Wie funktioniert die „Quantitative Lockerung"?

Wenn Zentralbanken keine Zinssenkungen mehr vornehmen können, dann setzen sie auf das Instrument der „Quantitativen Lockerung" (englisch: quantitative easing).

Verkürzt ausgedrückt, gehen die Zentralbanken dazu über Unmengen an neuem Geld zu drucken und dieses dem Bankensystem zur Verfügung zu stellen. Das wird umgesetzt, indem die Zentralbank in großem Umfang Staatsanleihen und Unternehmensanleihen, die von Banken gehalten werden, aufkauft. Die Banken wiederum haben durch den Verkauf weniger Risiken und sind ihrerseits wiederum bereit für attraktive Investitions- und Kreditvergaben. Dies wirkt sich letzten Endes auch auf Privatleute aus, deren Kredite günstiger werden. Im Endeffekt profitieren sowohl Unternehmen als auch Privathaushalte davon und die Konjunktur zieht an, da Konsum und Investitionen steigen.

Die quantitative Lockerung wird von zahlreichen Zentralbanken betrieben. Neben der EZB setzt vor allem die amerikanische FED derzeit auf diese geldpolitische Maßnahme.

Auswirkungen auf die Börse

Tatsächlich war zu beobachten und wurde von vielen Experten festgestellt, dass die Geldpolitik der „Quantitativen Lockerung" die Aktienmärke beflügelt und mitunter auch zu Übertreibungen geführt hat. Was nicht wundert, denn wenn viel Geld im Bankensystem ist, dann muss dieses auch in irgendeiner Form investiert werden. Und viel Geld wurde in den Aktienmarkt investiert. Im Endeffekt war diese Geldpolitik der Zentralbanken der stetige Treiber, der die Börsenhausse an den internationalen Börsen am Laufen hielt.

Entsprechend kritisch wird von vielen Börsianern die Abkehr von dieser lockeren Geldpolitik gesehen. Denn wenn dem Markt zukünftig weniger Geld zugeführt wird, dürfte das ein Bremsklotz für die Stimmung an den Börsen sein. Es ist zu hoffen, dass die Zentralbanken bei der Abkehr von dieser geldpolitischen Maßnahme behutsam vorgehen, um keine Schockwellen auf den Kapitalmärkten auszulösen.

Wichtig zu wissen:

- **„Quantitative Lockerung" ist eine geldpolitische Maß-nahme:** Die quantitative Lockerung bezeichnet eine unkonventionelle Ausweitung der Geldbasis durch eine Zentralbank. Dabei kauft die Zentralbank meist private oder öffentliche Wertpapiere, zum Beispiel Anleihen, von den Geschäftsbanken auf. Durch diese Käufe wird die Geldmenge erhöht. Zentralbanken greifen zu dieser Maßnahme, wenn die konventionelle Geldpolitik mittels Senkung des Leitzinses nicht mehr greift, weil die kurzfristigen Zinsen bereits bei Null sind.

- **Börsen profitieren von dieser Maßnahme:** Wenn viel Geld im Bankensystem ist, dann muss dieses auch in irgendeiner Form investiert werden. Diese Geldpolitik war in der jüngsten Vergangenheit der stetige Treiber, der die Börsenhausse an den internationalen Börsen am Laufen hielt.

Robo Advisor – Die digitale Anlageberatung

Das Investieren von Geld an der Börse war schon immer von Emotionen begleitet. „Nur keinen Fehler machen", „Doch lieber in die andere Aktie investieren?", „Oh je, Kurssturz, soll ich sofort alles verkaufen, oder lieber abwarten?" Das sind nur allzu menschliche Gedankengänge, die jeder Privatanleger in der einen oder anderen Form bereits durchlebt hat. Frei von Emotionen handeln – Wunschtraum oder bereits Realität in Form von sogenannten Robo Advisorn? Ein Wortkonstrukt, das sehr technisch anmutet und zunächst viele Fragen offenlässt.

Lernen Sie in diesem Kapitel was sich genau hinter dem Begriff verbirgt und wie Sie sich diese Technologie beim Investieren an der Börse zu Nutze machen können.

Das versteht man unter einem Robo Advisor

Ein Robo Advisor ist ein Algorithmen-basiertes System, das automatische Empfehlungen zur Vermögensanlage gibt und diese auch umsetzen kann. Die Bezeichnung ist ein Kofferwort, zusammengesetzt aus den englischen Wörtern Robot (Roboter) und Advisor (Berater). Vereinfacht ausgedrückt ersetzt ein Robo Advisor die Funktion eines Anlage- bzw. Bankberaters. Das heißt Anleger haben die Möglichkeit mit einem Robo Advisor eine rein digitale Anlageberatung und automatisierte Vermögensverwaltung in Anspruch zu nehmen. Dies findet dann ausschließlich online statt.

Zusammengefasst bringt es folgende Aussage auf den Punkt: Robo-Advisor helfen Anlegern mit automatisierten Prozessen das für Sie passende Portfolio zusammenzustellen, die laufende Entwicklung zu überwachen und gegebenenfalls auch erforderliche Änderungen vorzunehmen.

Die Funktionsweise eines Robo Advisors

Viele Schritte ähneln dem Procedere, das man bei einer klassischen Anlageberatung durchläuft, nur ist eben alles digital. Bevor es mit der eigentlichen Beratung bei einem Robo-Adivsor losgeht, müssen Sie zunächst einmal den passenden digitalen Beratungshelfer für sich im Internet finden. Einen guten Überblick bietet die Internetseite von Brokervergleich. Haben Sie sich für einen Robo Advisor entschieden folgt zunächst der Anmeldeprozess in Form einer Online-Befragung.

Der Robo Advisor ermittelt auf Basis der Ergebnisse dieser Befragung Ihren individuellen Anlegertyp, das heißt, wie risiko-, bzw. sicherheitsorientiert möchten Sie Ihr Geld investieren. Es empfiehlt sich an dieser Stelle wahrheitsgemäß und vollständig alle Fragen zu beantworten. Nur so kann der digitale Berater auch alle Aspekte, die Ihnen wichtig sind, berücksichtigen. Wer zum Beispiel Wert darauf legt möglichst nachhaltig zu investieren (Stichwort Grüne Investments), der sollte diese Fragen dazu keinesfalls übergehen.

Daran anschließend kommt die künstliche Intelligenz des Robo-Advisors zum Tragen. Basierend auf allen Angaben wird ein Portfolio entwickelt, das genau auf die individuellen Bedürfnisse des Anlegers zugeschnitten ist. Als nächstes kann, ebenfalls online, direkt ein Depot eröffnen werden, um die vorgeschlagene Anlagestrategie umzusetzen. Grundsätzlich berücksichtigt ein Robo Advisor verschiedene Assetklassen, das heißt es werden ETFs, aber auch Aktien oder Anleihen von ihm mitberücksichtigt. Doch bei der digitalen Beratung und Erstellung eines Portfolios bleibt es nicht. Erfordert die Marksituation eine Änderung bzw. Optimierung des Kundendepots (auch Rebalancing genannt), handelt der Robo-Advisor vollständig automatisiert. Gerade darin liegt der eigentliche Mehrwert dieser digitalen Helfer. Es wird im Bedarfsfall schnell reagiert, was über den klassischen persönlichen Beratungsweg nicht immer möglich ist.

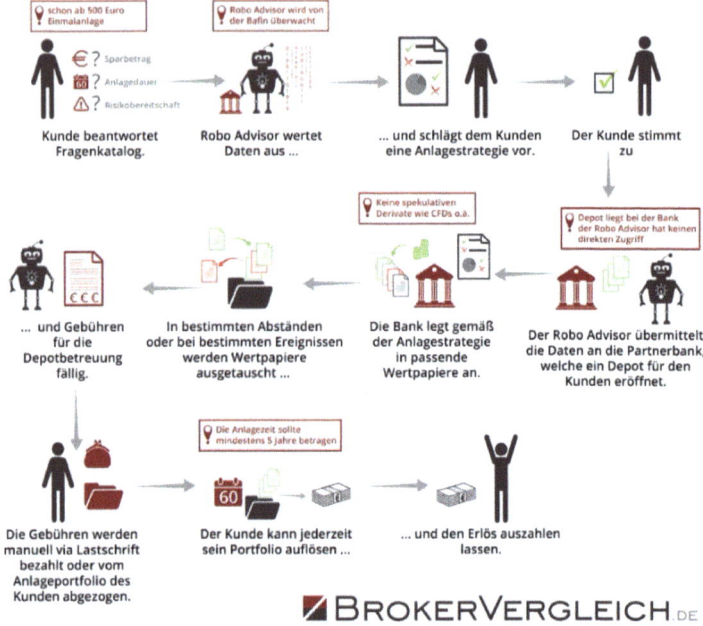

Abb.5: Wie funktioniert ein Robo-Advisor?
Quelle: www.brokervergleich.de

Wie Sie den passenden Robo-Advisor finden

Eines vorneweg: Die Anzahl von Robo-Advisorn ist groß und hier hilft nur ein umfassender Vergleich, wie ihn unter anderem das Finanzportal Finanzen auf seiner Internetseite anbietet. Auch bei Brokervergleich erhalten Sie umfassende Informationen zu diesem Thema. Besonders hervorzuheben bei diesem Finanzportal ist der seit 2015, und damit in Deutschland am längsten laufende Echtgeld-Test für Robo-Advisor. Hier sehen Sie dann konkret welche Performance die digitalen Vermögensverwalter in der Vergangenheit erzielen konnten, aber auch mit welchen Kosten zu rechnen ist. Mit den von Kunden gesammelten Erfahrungen und den Ergebnissen aus dem laufenden Echt-Geld-Test wird ein Ranking der besten Robo-Advisor auf der Internetseite veröffentlicht.

Wichtig zu wissen:

- **Robo-Advisor helfen mit künstlicher Intelligenz:** Es handelt sich bei einem Robo-Advisor um ein Algorithmen-basiertes System, das automatische Empfehlungen zur Vermögensanlage gibt und diese auch umsetzen kann.

- **Schnelle Reaktion im Bedarfsfall:** Erfordert die Marksituation eine Änderung bzw. Optimierung des Kundendepots (auch Rebalancing genannt), handelt der Robo-Advisor vollständig automatisiert. Technologie statt Emotionen kommt hier zum Tragen.

Informationen im Internet:

https://www.finanzen.net/ratgeber/wertpapiere/robo-advisor
https://www.brokervergleich.de/robo-advisor/

Streubesitz – Wichtig für die Handelbarkeit

Beim Kauf von Aktien müssen viele Aspekte mitberücksichtigt werden. Zu den wichtigsten zählen die sogenannten „harten Fakten", wie Umsatz und Gewinn. Auch die Chartanalyse trägt bei Investoren maßgeblich zur Entscheidungsfindung bei. Ein Kriterium, das viele Privatanleger erst mal nicht so auf ihrem Radar haben, ist der Streubesitz. In der Börsenberichterstattung ist von diesem immer mal wieder die Rede. Doch was verbirgt sich eigentlich dahinter und wie wichtig ist dieser bei der Kaufentscheidung von Aktien? Erfahren Sie die Hintergründe dazu in diesem Kapitel.

Definition des Begriffs Streubesitz

Der Streubesitz (englisch:free float bzw. public float) umfasst den Anteil von Aktien einer Gesellschaft, der sich im Besitz von freien Aktionären befindet und daher dem Börsenhandel regelmäßig zur Verfügung steht. Genau genommen bezieht sich der Streubesitz auf alle Aktien, die sich **nicht** im Besitz von strategischen Großaktionären befinden. Bei vielen an der Börse notierten Unternehmen ist es so, dass Großaktionäre ein umfangreiches Aktienpaket besitzen, das für langfristige Vorhaben im Depot „geparkt" wird. Während der Zeit werden die betroffenen Aktien nicht veräußert und stehen somit auch nicht für den Handel an der Börse zur Verfügung.

Somit beschreibt der Streubesitz alle Aktien, die kurz- bis mittelfristig gehalten werden und damit beständig an der Börse zwischen Anlegern gekauft oder verkauft werden können.

Was sagt die Höhe des Streubesitzes aus?

In der Regel gibt es kaum ein börsennotiertes Unternehmen mit einem Streubesitz von 100 Prozent, denn an beinahe jedem Unternehmen sind Großaktionäre mit hohen Aktienpaketen beteiligt. Ob ein hoher oder niedriger Streubesitz bei einer Aktie nun zwingend vorteilhaft oder eher negative Auswirkungen für Anleger hat, dazu gibt es keine pauschale Antwort. Allerdings gibt es bestimmte Annahmen, was ein hoher oder niedriger Streubesitz bewirken kann. Im Folgenden die wichtigsten Überlegungen dazu:

- Stärkung des Shareholder Value Prinzips:
  Die Eigentumsverhältnisse sind bei einem hohen Streubesitz diversifizierter. Das Management verfolgt daher unter Umständen stärker das Shareholder Value Prinzip. Davon könnte wiederum der Aktienkurs profitieren.

- Bessere Handelbarkeit von Aktien:
  Ein hoher Free Float an Aktien wirkt sich positiv auf das Handelsvolumen aus. Je höher der Streubesitz ist, desto häufiger können Kauf- und Verkaufstransaktionen stattfinden. Das wiederum für eine präzise Preisbildung der Aktie sorgt.

- Chancen auf Gewinne:
  Bei einer hohen Streubesitzquote steigt das Risiko für ein Unternehmen von einem anderen Unternehmen oder Investor übernommen zu werden. Doch was zunächst nach Risiko und Nachteil klingt, kann sich in der Praxis durchaus auch als gewinnbringender Vorteil entpuppen. Nicht selten werden bei feindlichen Übernahmeversuchen satte Prämien geboten.

Wichtig zu wissen:

- **Einige Vorteile für Aktionäre:** Ein hoher Streubesitz kann den Shareholder Value Aspekt bei Unternehmen fördern und für eine bessere Handelbarkeit an der Börse sorgen. Ferner begünstigt ein hoher free float Übernahmen, was sich unter Umständen für Aktionäre in Form einer Übernahmeprämie auszahlen kann.

Tech-Aktien – Die Aktien mit der Wachstumsfantasie

Technologieaktien oder kurz Tech-Aktien genannt sind seit Jahren bereits die Lieblinge vieler Investoren an der Börse. Und das nicht ohne Grund. Denn im Gegensatz zu den eher konservativen Value-Aktien versprechen die Geschäftsmodelle dieser Unternehmen vor allem eines: Wachstum! Wie erfolgreich die Tech-Aktien in der Vergangenheit waren, lässt sich am Branchenindex Nasdaq100 ablesen, in dem das who is who der Technologie Unternehmen vertreten ist. Wie gut sich einige der Branchenvertreter in den letzten Jahren entwickelt haben lässt sich vor allem am Beispiel von einem Vorzeigeunternehmen aus diesem Sektor ablesen. Während dieses Buch entsteht, knackt gerade ein sehr prominentes Unternehmen die 3 Billionen USD-Marke bezogen auf seine Marktkapitalisierung. Die Rede ist von Apple.

Viele Anleger, die in den letzten Jahren die außergewöhnliche Kursperformance der Tech-Aktien von der Seitenlinie aus beobachtet haben, fragen sich mitunter zurecht, ob das noch lange so weitergehen kann. Dass die Börse keine Einbahnstraße ist, das ist selbstredend jedem Investor bewusst. Dennoch zeigt der Blick auf die Vergangenheit eines: wer immer nur zögerlich blieb, der hat die besten Chancen verpasst. In diesem Kapitel erfahren Sie mehr über Technologieaktien und welche Möglichkeiten Sie als Privatanleger haben, sich in diesem Sektor zu positionieren.

Die größten Tech-Aktien sind im Nasdaq100-Index

In der zurückliegenden Dekade konnten vor allem viele US-Technologieunternehmen mit einer dynamischen Geschäftsentwicklung und einer außergewöhnlich guten Performance an der Börse überzeugen. Und selbst die Corona Pandemie konnte an dem Boom nichts ändern. Ganz im Gegenteil, viele der Tech-Unternehmen avancierten sogar zu den größten Pandemie Gewinnern. Denn auf einmal waren durch die auferlegten Beschränkungen für die Gesellschaft digitale Lösungen gefragter denn je. Eine Kernkompetenz von eben jenen Unternehmen.

Zum Technologie-Sektor zählen sämtliche Unternehmen, die Zukunftstechnologien entwickeln oder fortschrittliche, zumeist digitale Technologien in ihrem Geschäftsmodell anwenden. Die Bandbreite der Unternehmen, die das Label Tech-Unternehmen tragen dürfen, ist groß und oftmals sind diese nicht gleich auf den ersten Blick erkennbar. Bei Anbietern von Technik für digitale Videokonferenzen oder Grafikchips für Spielekonsolen ist die Verortung eindeutig. Bevor Sie aber mühselig nach Geschäftsmodellen selektieren, um eine eindeutige Zuordnung zu erhalten, reicht es, wenn Sie einen Blick auf den Nasdaq100 werfen. Während der Nasdaq Composite über 3.000 Unternehmen überwiegend aus dem Technologiesektor umfasst, sind im Nasdaq100 die 100 Technologieaktien mit der höchsten Marktkapitalisierung gelistet. Diese Tatsache ist auch relevant für die Beantwortung der Frage, wie Sie in den Tech-Sektor investieren können.

Tech-Aktien bieten Chancen aber auch Risiken

Was die Chancen-Situation bei Tech-Unternehmen betrifft fasst der folgende Satz eigentlich alles was dazu gesagt werden muss zusammen: An der Börse wird die Zukunft gehandelt, d.h. Kurssteigerungen hängen vor allem von der Erfüllung bestimmter Erwartungen zum Beispiel wie der Umsatz- und Gewinnentwicklung ab. Doch genau diese Wette auf den Erfolg eines Geschäftsmodells birgt zugleich das größte Risiko. Es besteht schlicht die Gefahr, dass bestimmte Innovationen sich am Markt nicht durchsetzen. Bei der Suche nach guten Tech-Aktien empfiehlt sich daher eher auf die Unternehmen zu setzen, die bereits am Markt etabliert sind und darüber hinaus auch einen starken Fokus auf die Forschung & Entwicklung legen. Letzten Endes ist es genau das, was die Börse sehen möchte. Als Negativbeispiel möchte ich hier Nokia anführen. Das finnische Unternehmen war über einen langen Zeitraum hinweg unangefochtener Weltmarktführer für Mobiltelefone und in diesem Bereich technologisch führend, bis zu dem Zeitpunkt als Apple das iPhone auf den Markt gebracht hat. Nokia hat die Entwicklung hin zu einem

Smartphone verpasst. Heute ist Nokia nicht einmal mehr ein Hersteller von Mobiltelefonen.

Höhere Bewertung bei Tech-Aktien

Ich möchte Sie vor allem auf eines sensibilisieren und aufmerksam machen. Im Unterschied zu den konservativen Value-Aktien, die in Sektoren wie zum Beispiel der Konsumgüterindustrie angesiedelt sind, ändern sich die Bewertungsansätze bei Tech-Unternehmen in einer viel höheren Geschwindigkeit. Das heißt, es muss ganz genau von Quartal zu Quartal beobachtet werden, wie sich die Geschäfte bei diesen Unternehmen entwickeln. Der Markt reagiert mitunter sehr heftig, wenn bestimmte Erwartungen an Umsatz und Gewinn nicht erreicht werden. Dies ist dem Umstand geschuldet, dass Tech-Unternehmen per se eine hohe Wachstumsdynamik zugebilligt wird. Im Vergleich zu Value-Aktien haben Tech-Aktien entweder ein sehr hohes KGV, mitunter im dreistelligen Bereich oder gar keines, weil das Unternehmen noch Verluste schreibt. Und da sind wir wieder wie eingangs erwähnt bei der Beschreibung der Chancen. Tech-Unternehmen sind schlicht und ergreifend eine Wette auf die Zukunft. Volatile Kursbewegungen sind daher bei diesen Aktien eher die Regel als die Ausnahme.

Wie Sie in Technologieaktien investieren können

Aufgrund der oben angeführten Risiken empfiehlt es sich mit Bedacht in Technologieaktien zu investieren. Die erste Möglichkeit sich im Tech-Universum zu engagieren ist das Stock-Picking. Wenn Einzelaktien in das Depot gekauft werden, dann ist darauf zu achten, dass diese Unternehmen bereits etabliert sind im Markt. Wer beispielsweise Apple Aktien besitzt, der kann sich im Nachhinein eigentlich nur über eines ärgern: Dass er die Aktie in schwachen Börsenphasen nicht nachgekauft hat oder dass er sie zu früh verkauft hat.

Eine weitere Möglichkeit in diesen Sektor zu investieren sind sogenannte Indexzertifikate, wie zum Beispiel auf den Nasdaq100. Hier finden Sie eine breite Streuung und vermeiden das Klumpenrisiko des Stock-Pickings. Ebenfalls eine breite Streuung Ihrer Investition erreichen

Sie durch den Kauf eines entsprechenden Branchen-, bzw. Themen-ETFs für den Technologie-Sektor. Mehr Informationen dazu und welche Finanzportale bei der Selektion des passenden Finanzprodukts weiterhelfen finden Sie im Kapitel ETFs.

Wichtig zu wissen:

- **Im Nasdaq100 ist das who is who der Tech-Szene:** Der Nasdaq100 gilt als der wichtigste Technologie-Aktienindex der Welt. In ihm sind die größten Tech-Unternehmen wie Alphabet, Apple, Amazon, Microsoft, Meta (Facebook) oder Netflix gelistet.

- **Tech-Aktien haben in der Regel eine hohe Bewertung:** Aufgrund ihrer innovativen Geschäftsmodelle wird den Tech-Unternehmen eine höhere Bewertung im Vergleich zu Value-Werten zugebilligt. Ein hohes KGV im dreistelligen Bereich ist hier eher die Regel als die Ausnahme. Viele Tech-Aktien schreiben noch Verluste und es gelten andere Bewertungsmaßstäbe.

- **Möglichkeiten in Tech-Aktien zu investieren:** Der klassische Weg ist das Stock-Picking, also der Kauf von einzelnen Aktien. Es empfiehlt sich hier auf Unternehmen zu setzen, die in ihrem Bereich marktführend sind. Weitere Investitionsmöglichkeiten sind der Kauf von Indexzertifikaten oder der Kauf eines Branchen- bzw. Themen-ETFs

Übernahmen – Oft mehr Chance als Risiko

Übernahmen sind aus Anlegersicht ein besonders spannendes Thema. Hier geht es in erster Linie um Gerüchte, die häufig bereits ausreichen können, um eine Kursrally auszulösen. Insbesondere wenn die Marktbedingungen vorteilhaft sind (zum Beispiel bei niedrigen Zinsen), kommt oft eine regelrechte Übernahmewelle ins Rollen. Denn dann lassen sich solche Deals günstig refinanzieren. Aber nicht nur für die beteiligten Unternehmen sind solche Transaktionen vorteilhaft, auch Aktionäre profitieren in der Regel davon. Erfahren Sie in diesem Kapitel, welche Chancen sich aus Übernahmetransaktionen für Aktionäre ergeben können.

Die Gründe für Übernahmen

Zu Übernahmen kommt es in der Regel als Teil einer Firmenwachstumsstrategie, wobei das zu übernehmende Unternehmen meistens etwas besitzt, über das das Käuferunternehmen selbst nicht verfügt und entweder nicht selbst entwickeln kann oder möchte. Ein weiterer wichtiger Grund, der zu immer mehr Übernahmeabsichten führt, ist der Umstand, dass viele Beteiligungsunternehmen sehr viel Kapital zur Verfügung haben, das investiert sein möchte. Gerade in Zeiten von Niedrig- und Nullzinsen ist es aus Private Equity Sicht lukrativer das Geld in Firmenkäufe zu investieren als zuzusehen, wie die Inflation es weniger werden lässt.

Man unterscheidet grundsätzlich zwei Arten von Übernahmen: die friedliche und die feindliche Übernahme. Bei der friedlichen Übernahme ist das Management des zu übernehmenden Unternehmens mit den Kaufabsichten einverstanden und der Deal geht mehr oder weniger reibungslos über die Bühne. Viel spannender für Aktionäre ist hingegen die feindliche Übernahme. Hier wendet sich das Unternehmen, das Kaufabsichten hegt mit einem Angebot direkt an die Aktionäre des zu übernehmenden Unternehmens. Eine zunächst feindliche Übernahme kann sich auch schnell zu einer freundlichen Übernahme entwickeln, wenn die Angebotsbedingungen nachgebessert werden. Grundsätzlich kann man festhalten, dass diese Art von Übernahmen in der Regel sehr lohnend für die Aktionäre des Übernahmeziels ist. Häufig wird bei diesen Deals ein sogenanntes Premium (ein Aufschlag auf den Marktpreis) gezahlt.

Wie ein Übernahmeangebot ablaufen kann

Kommt es zu einem öffentlichen Übernahmeangebot eines Großaktionärs an die Aktionäre des Zielunternehmens sieht das Übernahmeangebot eine Barzahlung für die zu übernehmenden Aktien vor, wobei das Gebot meist deutlich über dem letzten Aktienkurs des Übernahmeziels liegt. Die Offerte kann auch einen Aktientausch vorsehen, bei dem den Aktionären die Aktien des eigenen Unternehmens in einem bestimmten Verhältnis angeboten werden. Dies wird im Allgemeinen als Umtauschangebot bezeichnet. Oder es kommt zur dritten Variante, bei der die Offerte aus einem Aktientausch und einer Barkomponente besteht.

Besonders spannend wird es für die Aktionäre, wenn die Großaktionäre des zu übernehmenden Unternehmens das Übernahmeangebot als zu niedrig ablehnen. Häufig kommt es dann zu einer Nachbesserung. Ebenfalls vielversprechend aus Aktionärssicht ist es, wenn mehrere Beteiligte um das Unternehmen bieten, und so im Wettstreit die Angebotskonditionen nach oben getrieben werden. Als Aktionär fährt man in der Regel gut damit, eines dieser Angebote anzunehmen. Bei Ablehnung der Offerten bleibt man zwar Anteilseigner, es droht aber unter Umständen ein Squeeze-Out. Das ist ein Verfahren bei dem der Großaktionär (dieser muss mindestens 95% der Aktien haben) die Minderheitsaktionäre gegen Abfindung aus dem Unternehmen hinausdrängen kann.

Wie Sie in M&A Aktivitäten investieren können

Wie oben ausgeführt ist es für Aktionäre oft sehr lukrativ in Unternehmen investiert zu sein, die ein mögliches Übernahmeziel darstellen. Denn oft reichen schon Gerüchte aus, um die Aktienkurse der betreffenden Unternehmen deutlich steigen zu lassen. Es gibt zahlreiche Investoren an der Börse die konkret nach Unternehmen suchen, die als heiße

Übernahmekandidaten gehandelt werden, um mit ihnen auf eine hohe Prämie im Falle eines Übernahmeangebots zu wetten. Allerdings ist es mühselig und auch nicht einfach genau die Unternehmen zu finden, die über Übernahmefantasie verfügen. Doch an der Börse gibt es wie so oft auch einen Plan B.

Die Alternative, die sich Ihnen bietet, ist, dass Sie in ein komplettes Portfolio mit Übernahmekandidaten investieren. Zwei vom Finanzen Verlag entwickelte und vom Indexanbieter Solactive berechnete Indizes enthalten je 20 Werte, die vom Indexanbieter nach vorgegebenen Kriterien zu Börsenwert, Übernahmeaffinität und Börsenliquidität ausgewählt werden. Als investierbare Finanzprodukte gibt es zum Beispiel ein German M&A Index-Zertifikat, das ausschließlich Aktien von deutschen Übernahmekandidaten enthält, oder das European M&A-Index-Zertifikat, in dem Aktien aus ganz Europa enthalten sind. Mehr Informationen dazu finden Sie beim Anbieter.

Wichtig zu wissen:

- **Feindliche Übernahme oft lohnend für Aktionäre:** Spannend für Aktionäre ist die feindliche Übernahme. Hier wendet sich das Unternehmen, das Kaufabsichten hegt mit einem Angebot direkt an die Aktionäre des zu übernehmenden Unternehmens. Grundsätzlich kann man festhalten, dass diese Art von Übernahmen oft sehr lohnend für die Aktionäre des Übernahmeziels ist. Häufig wird bei diesen Deals ein sogenanntes Premium (ein Aufschlag auf den Marktpreis) gezahlt.

Value Investing – Die langfristige Strategie

Wer als Privatanleger an der Börse sein Geld investiert benötigt meines Erachtens genau zwei Dinge, damit es langfristig funktioniert: Eine gute Strategie und gute Nerven! Das gute ist: Je besser die Strategie, desto mehr werden in der Regel auch die Nerven geschont. Aber was ist nun die passende Strategie für einen Privatanleger. Eher konservativ agieren oder doch lieber etwas spekulativer? Diese Frage wird sich jeder Anleger stellen müssen, bevor er an der Börse damit beginnt Wertpapiere zu kaufen. Das hängt vor allem von den persönlichen Zielen und der Risikoneigung ab. Aber auch von der Erfahrung, die man im Laufe der Zeit sammelt. Denn wer die Märkte und das auf und ab der Aktienkurse lange genug beobachtet, der ist auch in der Lage besonders vielversprechende Marktsituationen, wie sie sich zum Beispiel nach einem Crash ergeben richtig zu interpretieren.

Eine bei vielen Börsianern nach wie vor sehr beliebte Investmentstrategie ist das Value Investing. Diese wurde vom US-amerikanischen Wirtschaftswissenschaftler und Investor Benjamin Graham begründet, der zusammen mit David Odd 1934 das Buch „Security Analysis" veröffentlichte, welches noch heute als Standardwerk des Value Investing gilt. Erfahren Sie in diesem Kapitel, was sich genau hinter dieser Strategie verbirgt und auf was es bei der Umsetzung ankommt.

Das versteht man unter Value Investing

Value Investing bedeutet wörtlich übersetzt wertorientiertes Anlegen. Der Begriff beschreibt eine Anlagestrategie bzw. einen Investment-Stil bei der Aktien nach einer umfassenden Analyse des sogenannten „inneren Wertes" bewertet werden. Vereinfacht ausgedrückt berechnet sich dieser innere Wert nach einem monetären Gegenwert aller Vermögensgegenstände und Anlagen des Unternehmens. Die Grundaussage beim Value-Investing lautet wie folgt: Liegt der innere Wert eines Unternehmens deutlich über dem aktuellen Börsenwert, ist dies als eine

Kaufgelegenheit zu interpretieren. Im Mittelpunkt dieser Strategie steht die Fundamentalanalyse die mit ihren Bewertungskennzahlen wichtige Hinweise liefert, wie ein Unternehmen schlussendlich einzustufen ist. Zu nennen sind hier unter anderem Kennzahlen wie Kurs-Buchwert-Verhältnis, Kurs-Gewinn-Verhältnis oder Kurs-Cashflow-Verhältnis. Mehr Informationen dazu finden Sie im Kapitel Kennzahlen in diesem Buch.

In den letzten Jahrzehnten wurde das Prinzip des Value Investing vor allem durch die Investoren-Legende Warren Buffet geprägt. Demnach sind Value-Investoren vor allem als Schnäppchenjäger zu sehen, ständig auf der Suche nach günstigen bzw. unterbewerteten Unternehmen. Das Prinzip dieser Anlagestrategie zielt nicht auf schnelle Gewinne ab. Vielmehr ist die Zielsetzung die Aktien langfristig über mehrere Jahre hinweg zu halten. Gewinne werden hier durch steigende Kurse wie auch durch ausgezahlte Dividenden realisiert.

Wie Sie Value-Aktien identifizieren

Unternehmen zu finden, die den Anforderungen des Value Investing Prinzips genügen, ist mit einiger Arbeit verknüpft. Denn zur Berechnung des inneren Werts müssen Geschäftsberichte und Zahlen intensiv analysiert werden.

Bevor Sie nun selbst damit beginnen den Taschenrechner in die Hand zu nehmen, lautet meine Empfehlung: Lesen Sie so viele Analystenkommentare zu Unternehmen, die sie interessieren, wie sie können. Es lohnt sich in doppelter Hinsicht: Zum einen finden Sie hier bereits Einschätzungen von Experten, wie es um die fundamentale Bewertung von Unternehmen bestellt ist. Zum anderen lernen Sie so auch die Sichtweise und die Gedankengänge der Analysten besser kennen und das hilft Ihnen wiederum sich eine eigene Meinung und Haltung zu einem bestimmten Unternehmen zu bilden. Eine gute Informationsquelle sind hier insbesondere Börsenmagazine wie zum Beispiel „Börse Online" oder „Der Aktionär" die in ihren wöchentlichen Ausgaben ausführlich über börsennotierte Unternehmen berichten.

Modernes Value-Investing

Value-Investing unterscheidet sich grundlegend von anderen Investmentstrategien und insbesondere von der Growth-Strategie bei denen andere Aspekte für die Aktienauswahl eine wichtige Rolle spielen. Jedoch ist zu beobachten, dass sich die Kriterien beim Value-Investing lockern. Denn angesichts der gestiegenen Bewertungen an den Aktienmärkten sind Value-Werte nur noch schwer zu finden und die starken Technologie-Aktien finden bei strenger Auslegung dieser Strategie keine Berücksichtigung. Aus diesem Grund gehen immer mehr Investoren, die Value-Werte favorisieren dazu über ihre Bewertungsmaßstäbe dahingehend zu modifizieren, dass sie auch reife Technologieunternehmen in ihrer Anlagestrategie berücksichtigen können. Wie sehr sich die Zeiten ändern, zeigt sich am Beispiel des bereits erwähnten Warren Buffet. Gemäß eines Briefs an seine Berkshire Hathaway Aktionäre, hielt Buffets Beteiligungsgesellschaft Apple-Aktien im Wert von mehr als 120 Milliarden Dollar. Das Beispiel zeigt, dass auch scheinbar sehr strenge Investitionsstrategien sich im Bedarfsfall den Gegebenheiten der Börse anpassen.

Wichtig zu wissen in diesem Zusammenhang ist, dass der eigentliche Unterschied zwischen Value- und Growth-Investing im Betrachtungszeitpunkt liegt. Während Value-Investoren vor allem den aktuellen Wert eines Unternehmens analysieren, betrachten Growth-Investoren dagegen vor allem den zukünftigen Wert. Modernes Value-Investing zeichnet sich insbesondere dadurch aus, dass es die Zukunft mitberücksichtigt.

Wichtig zu wissen:

- **Value-Investing zielt nicht auf schnelle Gewinne ab:** Beim Value-Investing geht es darum Unternehmen zu identifizieren deren innerer Wert deutlich über dem aktuellen Börsenwert liegt. Das Prinzip dieser Anlagestrategie zielt nicht auf schnelle Gewinne ab. Vielmehr beabsichtigen Value Investoren ihre Aktien langfristig über mehrere Jahre hinweg zu halten.

Windowdressing – Oft Auslöser einer Jahresendrally

Wer sich intensiver mit der Börse beschäftigt, der kommt an einer Frage nicht vorbei: Wann ist ein guter Einstiegszeitpunkt? Denn kein Anleger möchte, nachdem er sein Geld in Wertpapiere investiert hat, erst einmal mitansehen müssen, wie die Kurse auf breiter Front sinken. Meines Erachtens muss man hier klar differenzieren: Für Privatanleger, die mit einer jährlichen Sparrate in einen ETF langfristig Vermögen aufbauen ist der Einstiegszeitpunkt eher sekundär. Für kurzfristig orientierte Anleger ist ein gutes Timing, was den Kaufzeitpunkt betrifft selbstverständlich ein wesentlicher Erfolgsfaktor.

Viele Investoren versuchen aus der Betrachtung der Vergangenheit bestimmte Gesetzmäßigkeiten abzuleiten, die bei der Beantwortung dieser Frage weiterhelfen können. Unter anderem werden dazu Statistiken herangezogen, die Rückschlüsse geben welche Monate in der Börsenhistorie besonders gut performt haben und welche eher nicht. Ob dies dann auch auf die Zukunft zutrifft, sei an dieser Stelle mal dahingestellt. Interessant ist, dass es an der Börse bestimmte saisonale Muster gibt, die augenscheinlich immer wiederkehren. Eines davon ist die sogenannte Jahresendrally. Erfahren Sie in diesem Kapitel die Hintergründe dazu und was es mit dem sogenannten „Windowdressing" auf sich hat.

Das steckt hinter dem Begriff „Windowdressing"

Das Phänomen des „Windowdressing" oder besser „Bilanzkosmetik" tritt häufig im letzten Börsenmonat eines Kalenderjahres auf und wird von Börsianern häufig auch als der Auslöser für eine Jahresendrally gesehen, bei der die Gewinneraktien des laufenden Börsenjahres buchstäblich nochmals den Turbo zünden und kräftig zulegen können. Auch wenn sich aus diesem Phänomen keine Gesetzmäßigkeit ableiten lässt, zeigen Analysen der vergangenen Jahre, dass dieser Effekt tatsächlich sehr häufig am Ende des Jahres eintritt.

Ein Grund dafür ist der Umstand, dass viele Portfoliomanager im letzten Quartal regelmäßig die von ihnen verwalteten Depots „aufhübschen". Konkret bedeutet dies: Die Investmentprofis verkaufen die Verliereraktien und nehmen im Gegenzug die Topwerte des Jahres in ihr Portfolio auf. Für Anleger, die nicht auf Fonds, sondern auf Einzelaktien setzen, bietet sich hier oft die Chance, dass ihre Wertpapiere am Jahresende noch etwas besser laufen, als sie es ohnehin schon taten.

Rechtzeitig nach den Gewinner-Aktien Ausschau halten

Viele Privatanleger vertrauen auf diesen Effekt und holen sich beizeiten die Gewinner-Aktien des laufenden Jahres in ihr Depot, um von den Maßnahmen der institutionellen Investoren zu profitieren. Hier kommt es auf rechtzeitiges und geschicktes Handeln an. Zu Beginn des letzten Quartals wird überprüft, welche Aktientitel im laufenden Jahr bislang besonders gut performt haben. Dazu kann man die Wertentwicklung der im DAX oder im MDAX gelisteten Titel miteinander vergleichen und überlegen, ob die bisherigen Gewinneraktien im laufenden Börsenjahr für ein Investment in Frage kommen. Börsenexperten raten hier rechtzeitig nach den Top-Werten des Jahres Ausschau zu halten, denn das „Windowdressing" entfaltet seine Wirkung nur im Dezember und in der Vorweihnachtszeit.

Ableitung einer Strategie für den Januar

Aus diesem Szenario heraus lässt sich sogar eine Strategie für den Januar des Folgejahres ableiten. Dahinter steckt die folgende Logik: Während die Jahresgewinner von den Investmentprofis zu Jahresende noch ins Depot zugekauft werden, sieht es bei den Jahresverlierern ganz anders aus. Diese werden häufig über die Weihnachtszeit übertrieben abgestraft und bieten zu Beginn des Neuen Jahres damit reichlich Aufholpotential. Hinter diesem sogenannten „Januar-Effekt" verbirgt sich die Idee, dass viele institutionelle Investoren kurz vor Jahresende verlustbringende Aktien, die eine schlechte Performance abgeliefert haben, aus ihrem Depot verkaufen, um steuerliche Vorteile zu erlangen. Diese Aktien werden dann im Januar wieder zurückgekauft, was oftmals zu einem spürbaren Anziehen der Aktienmärkte führen kann. So gut die Theorie klingt und so häufig die Jahresendrally bzw. der Januar-Effekt in der Vergangenheit auch eingetreten sein mögen, eine Garantie, dass es dazu jedes Jahr auf ein Neues kommt, gibt es nicht. Man bezeichnet diese Effekte auch als saisonale Börsenmuster.

Wichtig zu wissen:

- **Auslöser einer Jahresendrally:** Das Phänomen des „Window- dressing" tritt häufig im letzten Börsenmonat eines Kalenderjah- res auf und wird von Börsianern häufig auch als der Auslöser für eine Jahresendrally gesehen. Ein Grund dafür ist der Umstand, dass viele Portfoliomanager im letzten Quartal regelmäßig die von ihnen verwalteten Depots „aufhübschen". Konkret bedeutet dies: Die Investmentprofis verkaufen die Verliereraktien und nehmen im Gegenzug die Topwerte des Jahres in ihr Portfolio auf.

- **Auch der Januar bietet Chancen:** Das „Windowdressing" ent- faltet seine volle Wirkung im Dezember und in der Vorweih- nachtszeit. Aber auch der sogenannte „Januar-Effekt" bietet An- legern Chancen. Investmentprofis kaufen oft im Januar die Ak- tien zurück, die sie zuvor im alten Jahr noch aus steuerlichen Gründen verkauft haben.

Xetra – Das vollelektronische Handelssystem

In einigen älteren Dokumentationen über die Börse sieht man sie noch, die Händler die mit Zetteln in der Hand, wild gestikulierend und mit Zurufen auf dem sogenannten Börsenparkett ihre Geschäfte machen. Vor dem Computerzeitalter war es so gang und gebe an den internationalen Börsen Aktien zu handeln. Heute ist dieser Parketthandel vom computergestützten Handel entweder teilweise oder gänzlich ersetzt worden. Eine Vorreiterrolle übernahm die amerikanische Technologie Börse NASDAQ, dieser Börsenplatz ist weitgehend durch Computerhandel automatisiert. Auch in Deutschland gibt es mit Xetra schon seit vielen Jahren ein elektronisches Handelssystem, das nahezu den gesamten deutschen Wertpapierhandel abwickelt. Erfahren Sie in diesem Kapitel was es genau mit Xetra auf sich hat und welche Vorteile dieses Handelssystem bietet.

Was der Begriff „Xetra" bedeutet

Das Kürzel „Xetra" steht für „eXchange electronic trading" oder „elektronischer Börsenhandel". Xetra ist der vollelektronische Handelsplatz der Deutschen Börse und wurde 1997 in Deutschland eingeführt. Der Börsenplatz Xetra basiert auf einem vollelektronischen Handelssystem, das alle Kauf- und Verkaufsaufträge lizenzierter Händler in einem zentralen Computersystem gegenüberstellt. Stimmen Stückzahl und Preis überein, werden die Aufträge automatisch zusammengeführt.

Seine Leistungsfähigkeit zeigt sich darin, dass inzwischen weit über 90 Prozent des gesamten Aktienhandels an den Wertpapierbörsen in Deutschland über Xetra laufen. Laut Börsenbetreiber Deutsche Börse sind davon immerhin rund 25 Prozent der Aufträge und etwa 10 Prozent des Volumens von Privatinvestoren. Xetra stellt den idealen Handelsplatz für Wertpapiere dar, die sehr oft gehandelt werden, das heißt über eine hohe Liquidität verfügen, wie zum Beispiel die 40 Aktien im DAX.

Diese Vorteile bietet der Handel über „Xetra"

- Transparenz und faire Preise:
  Die Preisfeststellung auf Xetra findet nach klar definierten und transparenten Regeln statt. Das hohe Handelsvolumen sorgt dafür, dass die Aufträge zu marktgerechten Preisen rasch und vollständig ausgeführt werden.

- Hohe Geschwindigkeit:
  Die vollelektronische Zusammenführung der Orders garantiert schnellste Ausführung – egal, ob eine Aktie oder ein ganzes Aktienpaket gehandelt wird.

- Breite Auswahl an Produkten:
  Auf Xetra können nahezu alle Aktien gehandelt werden, die an der Börse Frankfurt notiert sind. Xetra ist der Referenzmarkt für den börslichen Handel von deutschen Aktien und zugleich europäischer Marktführer in börsengehandelten Indexfonds (Exchange Traded Funds, ETFs). Referenzmarkt bedeutet: es handelt sich um den Börsenplatz mit der höchsten Liquidität bei Wertpapieren.

Die Wahl des Handelsplatzes hängt von der Uhrzeit ab

Sie können Xetra wie jede andere Börse (zum Beispiel Frankfurt oder Stuttgart) als Handelsplatz auswählen. Dazu geben Sie bei Auftragserteilung einfach Xetra als Ort der Ausführung an. Der Handel auf Xetra findet montags bis freitags von 9:00 bis 17:30 Uhr MEZ statt. Möchten Sie Wertpapiere außerhalb dieses Zeitfensters kaufen bzw. verkaufen müssen Sie auf einen anderen Handelsplatz ausweichen. Eine Möglichkeit ist Tradegate. Die Tradegate Exchange ist eine 2009 gegründete Wertpapierbörse mit Sitz in Berlin, die auf die Ausführung von Privatanleger-Aufträgen spezialisiert ist. Die Handelszeit hier ist börsentäglich von 8:00 bis 22:00 Uhr MEZ. Ferner gibt es noch die Option des Direkthandels. Hier können Sie im außerbörslichen Handel Wertpapiere direkt von einem bestimmten Handelspartner kaufen bzw. verkaufen. Wie bei

Tradegate kann auch beim Direkthandel in der Regel von 08:00 bis 22:00 Uhr gehandelt werden.

Beim Direkthandel ist allerdings zu berücksichtigen, dass die Preisspannen für An- und Verkäufe von Wertpapieren außerhalb der Xetra-Handelszeiten möglicherweise ungünstiger sind als während des Xetra-Handels.

Wichtig zu wissen:

- **Die Vorteile des Handelsplatzes „Xetra":** Xetra ist der vollelektronische Handelsplatz der Deutschen Börse und bietet den Anlegern viele Vorteile. Unter anderem Transparenz und faire Preise, eine hohe Ausführungsgeschwindigkeit der Aufträge sowie eine breite Auswahl an Produkten.

- **Flexible Handelszeiten:** Der Handel auf Xetra findet montags bis freitags von 9:00 bis 17:30 Uhr MEZ statt. Anleger, die außerhalb dieses Zeitfensters Wertpapiere kaufen oder verkaufen möchten müssen auf andere Handelsplätze mit verlängerten Öffnungszeiten ausweichen. Mögliche Alternativen sind Tradegate und der Direkthandel.

Zertifikate – Hier ist Fachwissen notwendig

Wer an der Börse nach weiteren Anlagemöglichkeiten neben Aktien und Anleihen sucht, der kommt an dem Thema Zertifikate eigentlich nicht vorbei. Diese Finanzprodukte erfreuen sich dank ihrer einfachen Handelbarkeit an der Börse mittlerweile bei vielen Profi-Tradern aber auch immer mehr bei engagierten Privatanlegern zunehmender Beliebtheit. Allerdings setzen diese Wertpapiere einiges an Fachwissen voraus und bevor sich Anleger an diese Finanzprodukte heranwagen, ist es unerlässlich sich vorab umfassend zu informieren. Für Trader eröffnen sich mit Zertifikaten vielseitige Handelsstrategien. Je nach Erwartungshaltung ist es möglich mit dem passenden Zertifikat an einer bestimmten Marktentwicklung zu partizipieren.

Aufgrund der Vielzahl der verschiedenen Zertifikate-Arten erhalten Sie in diesem Kapitel in erster Linie Hinweise, wo Sie sich das notwendige Zertifikate-Fachwissen aneignen können.

Was versteht man unter Zertifikaten?

Zertifikate gehören zu den Derivaten und sind strukturierte Finanzprodukte, die von Banken, den sogenannten Emittenten ausgegeben werden. Rechtlich betrachtet handelt es sich bei Zertifikaten wie bei Unternehmens- und Staatsanleihen um Inhaberschuldverschreibungen. Im Gegensatz zu klassischen Anleihen gewähren Zertifikate in den meisten Fällen jedoch keine feste Verzinsung, sondern versprechen die Teilhabe an der Wertentwicklung ein dem Zertifikat zugrundliegenden Wertes, dem sogenannten Basiswert. Dieser kann zum Beispiel eine Aktie, ein Index, ein Rohstoff oder eine Währung sein. Ein Beispiel zur Verdeutlichung welche grundsätzlichen Möglichkeiten Zertifikate für Anleger bieten: Erwirbt ein Käufer ein Zertifikat auf Aktien des Unternehmens Allianz so ist die Wertentwicklung des Zertifikates von der Wertentwicklung der Allianz Aktien abhängig. Die Besonderheit bei Zertifikaten ist, dass je nach Produktausgestaltung steigende, seitwärts tendierende oder auch fallende Aktienkurse für die Wertentwicklung des Zertifikates von Vorteil sein können.

Strukturierte Finanzprodukte können also für Anleger Ertragschancen in völlig verschiedenen Szenarien bieten. Jedoch drohen aber auch Verlustrisiken (bis hin zum Totalverlust), wenn sich die Markterwartungen des Anlegers nicht wie gewünscht erfüllen. Wie bei allen derivativen Produkten gilt auch bei Zertifikaten der Grundsatz: Je höher die Ertragschancen, desto höher auch die Verlustrisiken. Zu den bekanntesten Zertifikaten gehören die Bonus-Zertifikate, Express-Zertifikate, Aktienanleihen, Discount-Zertifikate, Index-Partizipations-Zertifikate, Optionsscheine, Faktor-Zertifikate und Knock-Out-Zertifikate.

Mehr Fachwissen über Zertifikate erlernen

Aufgrund der Vielzahl der Zertifikate-Arten und deren Komplexität in ihrer Funktionsweise, ist es wichtig sich zunächst ein fundiertes Fachwissen über diese Produkte anzueignen. Es geht dabei vor allem auch darum mögliche Verlustrisiken besser einschätzen zu können. Es empfiehlt sich folgende Vorgehensweise:

- Besuch eines Zertifikate-Seminars:
  Diese werden unter anderem von der Deutschen Börse Akademie angeboten.

- Selbständige Informationsbeschaffung:
  Sämtliche Emittenten bieten auf ihrer Homepage in einem Zertifikate-Bereich sehr gut aufbereitete Übersichten zu den von ihnen angebotenen Produkten an. Hier finden Sie auch sämtliche Informationen zur Ausgestaltung und Funktionsweise der angebotenen Zertifikate.

- Persönliche Beratung:
  Wenn Ihre Bank Spezialisten für den derivativen Handel hat, ist es sinnvoll einen Beratungstermin zu vereinbaren.

Die Emittenten von Zertifikaten

Die Rückzahlung von Zertifikaten ist auch von der Bonität des Emittenten abhängig. Auch wenn ein Totalverlust durch eine Zahlungsunfähigkeit eines Emittenten in der Vergangenheit die absolute Ausnahme war, gilt es dennoch diesen Aspekt beim Kauf von Zertifikaten zu beachten, indem Sie ausschließlich Produkte von Emittenten erstklassiger Bonität erwerben.

Handeln Sie nur mit den besten Emittenten. Das heißt für die Praxis, dass als Handelspartner nur Emittenten in Frage kommen sollten, die zuverlässig Preise für ihre emittierten Zertifikate stellen. Achten Sie vor dem Kauf auch darauf wie hoch der Spread, sprich die Geld-Brief Spanne bei den Wertpapieren ist. Die Differenz sollte so gering wie möglich sein. Sie können Zertifikate sowohl über einen Börsenplatz wie Frankfurt oder Stuttgart aber auch außerbörslich, d.h. direkt über den Emittenten kaufen bzw. verkaufen.

Im Folgenden eine Übersicht zu den bedeutendsten Zertifikate-Emittenten in Deutschland, wie sie auf der Homepage des Deutschen Derivate-Verbands e.V. veröffentlicht wird.

Emittenten	Internet-Adresse zum Zertifikate-Bereich
BNP Paribas	https://derivate.bnpparibas.com
CitiFirst (Citigroup)	https://de.citifirst.com
Deka Investments	https://www.deka.de/zertifikate
Deutsche Bank	https://www.xmarkets.db.com/DE
DZ Bank	https://www.dzbank-derivate.de
Goldman Sachs	https://www.gs.de/de/produkte
HSBC	https://www.hsbc-zertifikate.de
HypoVereinsbank (UniCredit)	https://www.onemarkets.de
J.P.Morgan	https://www.jpmorgan-zertifikate.de
LBBW	https://www.lbbw-markets.de
Morgan Stanley	https://zertifikate.morganstanley.com
Societe Generale	https://www.sg-zertifikate.de
UBS	https://keyinvest-de.ubs.com
Vontobel	https://zertifikate.vontobel.com/de

Abb.6: Übersicht Emittenten von Zertifikaten
Quelle: Deutscher Derivate Verband e.V.

Zugang zu tagesaktuellen Informationen

Wer als engagierter Trader an der Börse aktiv ist oder sogar Day-Trading betreibt für denjenigen ist der Zugriff auf tagesaktuelle Informationen, wie sie die dpa-AFX Wirtschaftsnachrichten GmbH bietet von großer Bedeutung. Das Unternehmen gehört nach eigener Aussage zu den führenden Nachrichtenagenturen für real-time Finanz- und Wirtschaftsnachrichten in deutscher und englischer Sprache. Das Angebot enthält unter anderem einen Nachrichtenfeed mit börsentäglichen Aktienanalysen. Wer sich dafür interessiert findet Zugang über einen Vertriebspartner, den Sie auf der Internetseite der dpa-AFX Wirtschaftsnachrichten GmbH finden.

Wichtig zu wissen:

- **Wertentwicklung hängt vom Basiswert ab:** Im Gegensatz zu klassischen Anleihen gewähren Zertifikate in den meisten Fällen keine feste Verzinsung, sondern versprechen die Teilhabe an der Wertentwicklung ein dem Zertifikat zugrundliegenden Wertes, dem sogenannten Basiswert. Dieser kann zum Beispiel eine Aktie, ein Index, ein Rohstoff oder eine Währung sein.

- **Zertifikate-Seminare vermitteln Fachwissen:** Das notwendige Know-How über diese teils sehr komplexen Finanzprodukte vermitteln Zertifikate-Seminare, wie sie zum Beispiel die Deutsche Börse anbietet

Informationen im Internet:

https://academy.deutsche-boerse.com/Themen/Einstieg-Boersenwissen/Zertifikate.html
https://www.dpa-afx.de/vertriebspartner

Meine Top-5 Trading-Strategien

Zum Abschluss dieses Buches möchte ich Ihnen meine persönlichen Top-5 Trading-Strategien, die sich insbesondere für den Handel mit derivativen Produkten eignen, näher vorstellen. Nicht jede Strategie ist für den täglichen Handel praktikabel. Die All-Time-High Strategie findet nur dann Anwendung, wenn die Indizes tatsächlich neue Höchststände erreichen. Ebenso ist eine Sektor-Rotation an der Börse eher die Ausnahme als die Regel. Dagegen können Sie mit logischem Antizipieren sehr wohl nahezu täglich an der Börse traden. Letzten Endes ist der Mix der Strategien, die Sie verwenden entscheidend für Ihren langfristigen Anlageerfolg. Wer zu viele Strategien verfolgt, läuft meines Erachtens nach Gefahr sich am Ende durch mangelnde Fokussierung zu verzetteln. Vorab noch ein paar grundsätzliche Tipps für das Traden an der Börse:

- **Bewahren Sie Geduld!** Investieren Sie nur, wenn Sie zu 100 Prozent von einer Chance überzeugt sind und lassen Sie sich nicht von anderen Marktteilnehmern zu sehr beeinflussen. Bereits stark gestiegene Aktien zu kaufen ist selten eine gute Idee. Das Schöne an der Börse ist, dass sich immer wieder neue Chancen auftun.

- **Indikatoren und Signale berücksichtigen!**
  Um zu einer fundierten Meinung zu gelangen und Einstiegszeitpunkte bestmöglich zu antizipieren sollten Sie die wichtigsten Marktstimmungs-Indikatoren, wie zum Beispiel den RSI-Indikator stets im Auge haben. Auch Trendlinien aus der Chartanalyse sind wichtige Hilfsmittel für das Trading.

- **Vernünftiges Risikomanagement praktizieren!**
  Wer tradet sollte sich vorher Gedanken darüber machen, welche Maximalverluste er bereit ist zu akzeptieren. Entsprechend gilt es dann mit Stopp-Loss Limits zu agieren. So begrenzen Sie von vornherein die Verlustrisiken.

ALL-TIME-HIGHS

Darum geht es:

Diese Marktsituation ist insofern außergewöhnlich, als dass sie nur selten vorkommt. Indizes wie der DAX, der Dow Jones oder der Nasdaq Composite erreichen in der Regel in einem starken Bullenmarkt neue Rekordstände und insbesondere in einer laufenden mit vielen positiven Überraschungen gekennzeichneten Berichtssaison kommt es dann mit schöner Regelmäßigkeit dazu, dass die Indizes neue All-Time-Highs markieren. Was macht diese Situation für Trader so besonders interessant? Vor allem die Tatsache, dass diese Börsenphase oft auch zu kurzfristigen Übertreibungen führt. Abzulesen ist dies dann auch an den Chartbildern der Indizes, die wie eine Fahnenstange nach oben drehen. Zudem ist ebenfalls häufig zu beobachten, dass es zu einer mehrtägigen Gewinnserie kommt, sprich ein Index schließt den achten, neunten oder gar zehnten Tag in Folge mit einem Kursplus.

Zugegeben, diese Konstellation kommt nicht allzu häufig vor, aber genau darin liegt die Chance im Trading: Mehrtägige Gewinnserien einhergehend mit der Markierung von neuen Höchstständen. Zum Traden ist dies eine willkommene Ausgangssituation.

Die Trading-Idee:

Die Indizes werden korrigieren. Auch wenn der Bullenmarkt insgesamt als intakt angesehen wird, ist die Antizipation beim Traden dieser Marktsituation die, dass es zumindest eine technische Korrektur mittelfristig geben wird und muss. Schaut man sich die historischen Charts der wichtigsten Indizes an, stellt man fest, dass nach Zeiten der Übertreibung es immer wieder zu deutlichen Rücksetzern gekommen ist, auch wenn im Anschluss der Korrektur, der übergeordnete Trend des Bullenmarktes wieder für steigende Kurse sorgte.

Das geschilderte Szenario gilt auch umgekehrt im Falle einer Übertreibung nach unten. Auch hier bieten sich für aufmerksame Marktbeobachter gute Trading-Chancen mit entsprechenden Zertifikaten. Um den bestmöglichen Einstiegszeitpunkt zu antizipieren, empfiehlt es sich Trendindikatoren wie den RSI zu beobachten. Dieser signalisiert beispielsweise, wenn ein Index stark überkauft, bzw. überverkauft ist.

DIE ÜBERTRIEBENE SCHLAGZEILE

Darum geht es:

Stellen wir uns folgendes Szenario vor: Die Börsen in Deutschland und in den USA sind in robuster Verfassung und der Markt bewegt sich in einem übergeordneten bullischen Sentiment. Stellen wir uns weiter vor, wie aus heiterem Himmel läuft eine Meldung über den Ticker, und es kommt schlagartig zu Kurseinbrüchen an den Märkten. Diese Meldung kann politischer oder wirtschaftlicher Natur sein, jedenfalls hat diese Nachricht das Potenzial die Börsen ruckartig tiefrot ins Minus rutschen zu lassen. Die Frage, die man sich nun stellen muss, ist die folgende:

Handelt es sich um eine Nachricht, die eine bestehende Sorge, die die Marktteilnehmer ohnehin schon seit geraumer Zeit beschäftigt, wieder aufgreift oder ist es eine Nachricht mit gänzlich neuem Inhalt? Zugegeben es ist manchmal schwierig, die Tragweite von Schlagzeilen einordnen zu können, aber genau darin liegt die Chance aus Trader-Sicht.

Die Trading-Idee:

Wenn Schlagzeilen die Börse beeinflussen, gilt es haarscharf zu analysieren. Bei einer gänzlich neuen Nachricht lautet meine Empfehlung: Füße stillhalten, denn das negative Wirkungspotential der Nachrichtenlage auf die Aktienkurse ist schwer abschätzbar. Von einem leichten Börsengewitter bis zu einem Crash ist hier alles möglich. Handelt es sich hingegen um eine Follow-Up Nachricht zu einem bereits bekannten Thema, dann wird es spannend. Denn in der Regel wird ein Nachrichten-Update an der Börse nicht mehr als so dramatisch wahrgenommen wie die Erstmeldung über einen neuen Sachverhalt. Aus Trader-Sicht hilft folgende Fragestellung bei der Beurteilung: Ist das eigentliche Thema, auf das sich die jüngste Nachricht bezieht, im Grunde genommen nicht schon vom Markt eingepreist worden? Wenn dem so ist, dann hat eine schlagzeilengetriebene Folgenachricht ähnlich wie eine Politische oft nur kurze Beine an der Börse.

Jüngstes Beispiel war und ist die Corona-Pandemie. Die Erstmeldung über den Ausbruch der Krankheit und die daran anschließenden Lockdowns ließen die Börsen weltweit nach unten rauschen. Sämtliche Folgenachrichten führten zwar immer mal wieder zu teils deutlichen Kursrückgängen, verfügten aber nicht mehr über das Crash-Potential für die Börse wie zu Beginn der Pandemie. Wer hier in der Lage ist, die „nur" schlagzeilengetriebenen Übertreibungen an der Börse zu erkennen, dem eröffnen sich gute Trading-Chancen.

LOGISCH ANTIZIPIEREN

Darum geht es:

An der Börse kommt es vor allem auf eines an: Vorausschauend denken! Die an der Börse berühmte und auch von mir oft zitierte Erwartungshaltung spielt für die Kursentwicklung von Aktien schlicht und ergreifend eine entscheidende Rolle. Das gute ist, dass manche Entwicklungen durchaus ein Stück weit vorhersehbar sind, insbesondere wenn Sie die Nachrichtenlage aufmerksam beobachten. Erfolg an der Börse ist somit auch immer ein gutes Stück kalkulierbar, vorausgesetzt Sie erkennen die Zeichen der Zeit frühzeitig. Entscheidend für den Umsetzungserfolg ist es, dass Sie wissen, wie sich bestimmte wirtschaftliche oder politische Rahmenbedingungen auf einzelne Branchen und damit Unternehmen, die an der Börse gelistet sind, auswirken. Ich nenne das schlicht und ergreifend logische Antizipation.

Die Trading-Idee:

Ich werde diese Ausgangslogik am Beispiel zweier Trading-Ideen veranschaulichen.

Beispiel Ölmarkt: Es kann lohnend sein an der Börse den Blick nicht nur auf Aktien gerichtet zu haben, sondern auch auf Rohstoffe. Insbesondere dann, wenn sich eine Konstellation wie die folgende ergibt. Im April 2020 zeigte die Börse für ein Fass US-Öl der Sorte WTI einen negativen Preis von minus 40 Dollar an! Im Klartext: Ölhändler mussten andere Marktteilnehmer an der New Yorker Rohstoffbörse Nymex dafür bezahlen, dass sie ihnen das Öl überhaupt noch abnahmen. Wie es zu diesem einmaligen Ereignis in der Geschichte des Ölpreises kam? Einfach gesprochen: Spekulanten hatten sich an der Rohstoffbörse offenbar verzockt. Denn dort wird Öl mit speziellen Finanzpapieren gehandelt, sogenannten Futures. Auf was ich jedoch hinausmöchte ist Folgendes: Der gesunde Menschenverstand sagt einem, dass so ein Zustand nicht von langer Dauer sein kann. Rohstoffe werden nun mal nicht verschenkt, erst recht nicht Öl, und erst recht nicht an der Börse. D.h. die Trading-

Idee hier lautete: Mit einem passenden Investment von der Normalisierung des Ölpreises zu profitieren. Was liegt da nicht näher, als Unternehmen aus dem Öl-Sektor ins Auge zu fassen, deren Geschäftsentwicklung maßgeblich vom Ölpreis beeinflusst wird.

Beispiel Zinspolitik: Lange Zeit lag der Leitzins in den USA während der Corona-Pandemie bei Null Prozent. Aktuell im Februar 2022 verdichten sich immer mehr die Anzeichen auf eine Zinswende. Die Fed gab bekannt, dass der Leitzins bis Ende 2022 in mehreren Zinsschritten erhöht werden soll, um so der steigenden Inflation entgegenzuwirken. Das Ausgangsszenario ist somit bekannt, es stellt sich nur noch die Frage, welche Sektoren werden von der Zinswende profitieren.

Hier sind sich die meisten Börsenexperten einig, dass sich steigende Zinsen vor allem positiv auf Unternehmen aus dem Finanzsektor (Banken und Versicherungen) auswirken, da sich ihre Verdienstmöglichkeiten dann deutlich verbessern. Gerade Banken werden flexibler in ihren eigenen Zinsspannen und können durch die Kreditvergaben höhere Renditen erzielen. Die Trading-Idee hier wäre mit dem passenden Finanzprodukt auf die Branchenaktien zu setzen, die von der Zinswende in den USA profitieren werden.

COMEBACK DER GEFALLENEN ENGEL

Darum geht es:

Im Grunde genommen ist jeder Investor an der Börse immer auf der Suche nach einer günstigen Einstiegsgelegenheit. Die Frage, die auch Sie sich vermutlich in diesem Zusammenhang immer stellen, ist stets dieselbe: Wann ist dieser günstige Einstiegszeitpunkt? Meiner Meinung nach, erwischt man das perfekte Timing für den Kauf und Verkauf so gut wie nie, aber das ist auch nicht unbedingt notwendig (Ausnahme ist das Daytrading), denn für den Erfolg ist die Qualität der Trading-Strategie der maßgebliche Erfolgsfaktor. Eine Strategie, die viel Potential besitzt, setzt auf die sogenannten „gefallenen Engel" (englisch: fallen angels) an der Börse, deren Kurse aus bestimmten Gründen tief gestürzt sind. Diese Gründe gilt es gut zu analysieren, um herauszufinden welche dieser abgestraften Aktien das Potential für ein Comeback besitzen. Je sorgfältiger Ihre Analyse ausgeführt wird, desto mehr Qualität besitzt Ihre Trading-Strategie.

Die Trading-Idee:

Auf den ersten Blick denken bei „gefallenen Engeln" so manche Anleger, dass es sich hier auf niedrigem Kursniveau auf jeden Fall lohnt zuzugreifen, und die Aktie schon wieder die Kurve nach oben kriegt. So einfach ist es aber nicht. Zunächst muss bei diesen Verliereraktien eine Ursachenforschung betrieben werden. Die Gründe für eine Talfahrt können vielschichtig sein und oft hängt der Sinkflug mit einer Enttäuschung bei den Geschäftszahlen zusammen. Es kann aber auch sein, dass ein Unternehmen sukzessive Marktanteile an Wettbewerber verliert oder das Unternehmen mit seinem bestehenden Produktportfolio den Anschluss an neue Technologien verpasst. Das heißt, die entscheidende Frage in diesem Zusammenhang lautet: Finde ich gute Gründe dafür, dass ein an der Börse abgestraftes Unternehmen wieder zurück auf seine alte Erfolgsspur findet?

Um diese zugegebenermaßen nicht einfache Frage zu beantworten, braucht es etwas an Erfahrung. Aber mit etwas Mühe bei der Recherche können Sie herleiten, ob die Aktien zu einer Comeback-Story taugen, oder ob sie eher als Rohrkrepierer in der Versenkung verschwinden. Lesen Sie so viele Analystenkommentare über die Unternehmen, deren Kurse eingebrochen sind, wie Sie nur können. Hier finden Sie wertvolle Hinweise, warum es dazu kam und was zukünftig (noch) für das Unternehmen spricht. Entscheidend ist, und das gilt es unbedingt zu prüfen, ob das Geschäftsmodell noch für die Zukunft taugt. Ist das gegeben, heißt das aber noch lange nicht, dass es in den nächsten Wochen wieder bergauf geht mit den Kursen. Nicht selten durchlaufen diese Unternehmen für eine gewisse Zeit eine Durststrecke an der Börse, bevor sie wiederentdeckt werden. Aus diesem Grund sollten Sie bei Ihrer Analyse auch unbedingt die Finanzkennzahlen mitberücksichtigen. Von besonderer Bedeutung sind Aussagen von Analysten, wie Sie die zukünftige Ertragsentwicklung einschätzen. Haben Sie einen vielversprechenden gefallenen Engel mit Comeback-Potential identifiziert, dann haben Sie auch eine Trading-Idee für sich entdeckt.

DIE SEKTOR-ROTATION

Darum geht es:

Wie an anderer Stelle in diesem Buch bereits erwähnt gibt es an der Börse genau zwei Richtungen, in die sich die Märkte bewegen und dahinter stehen die Bezeichnungen Bullenmarkt (für steigende Kurse) und Bärenmarkt (für fallende Kurse). Wer bereits länger an der Börse engagiert ist, der weiß um die Langfristigkeit von bestimmten Trends und Marktsentiments. Es gibt auch genügend Analysen, die untersucht haben, wie lange im Durchschnitt ein Bullen- bzw. ein Bärenmarkt andauert. Letzten Endes sind Statistiken schön und gut, aber ein Blick auf die aktuelle Gegenwart zeigt auch, dass deren Aussagekraft begrenzt ist. Nach der Finanzkrise von 2008 hatten wir bis 2020 einen der längsten Bullenmärkte in der Geschichte der Börse.

Wenn sich ein Wendepunkt zwischen Bullen und Bären anbahnt, äußert sich dies vor allem darin, dass die Marktstimmung signifikant umschlägt. Wo vorher noch Euphorie herrschte (oft ein Zeichen der letzten Phase einer Börsenhausse) wird auf einmal Trübsal geblasen und nicht selten ist dann auch das Wort Rezession in aller Munde. Interessant bei so einer Gemengelage ist die Tatsache, dass es, sobald die Marktstimmung umschlägt, zu einer Sektor-Rotation bei den Investments von institutionellen Anlegern kommt. Das heißt Gelder werden im großen Stil umgeschichtet. Oder etwas flapsig ausgedrückt: Was vorher noch in war, ist auf einmal out. Für Sie als Privatanleger ergeben sich daraus gute Trading-Strategien mit eher mittel- bis langfristigem Charakter auf der Zeitachse.

Die Trading-Idee:

Im Grunde ist es sehr einfach diese Strategie umzusetzen, vorausgesetzt Sie sind ein aufmerksamer Beobachter des Börsengeschehens. An den Börsen wiederholen sich manche Muster mit schöner Regelmäßigkeit. Dazu gehört auch, dass in bestimmte Branchen zu einem bestimmten Zeitpunkt oder Zeitraum bevorzugt investiert wird. Ist dieser

Zeitraum ausgereizt, wechselt das Geld in einen anderen Sektor. Getrieben wird diese Entwicklung in erster Linie von den großen institutionellen Investoren, die ihre Gelder umschichten. Die Gretchenfrage für Sie als Privatanleger lautet nun: Wann genau wird denn umgeschichtet? Den genauen Zeitpunkt zu bestimmen ist schwierig, denn eine Sektor-Rotation wird nicht groß angekündigt, noch findet Sie vollständig in wenigen Tagen statt. Auf den genauen Zeitpunkt kommt es meines Erachtens auch nicht so an, denn wenn Anlagegelder in andere Branchen fließen, geschieht das in der Regel über einen längeren Zeitraum hinweg.

Ein Beispiel zur Verdeutlichung: Die vergangenen Jahre waren geprägt von einer Nullzinsphase bei den Leitzinsen, sowohl in den USA als auch in Europa. Aus gutem Grund haben Wachstumswerte an der Börse haussiert. Kredite, um weiteres Wachstum zu finanzieren waren günstig. Seitdem die US-Notenbank aber angekündigt hat ihre Zinspolitik zu straffen, d.h. den Leitzins sukzessive über mehrere Stufen hinweg anzuheben, ändert sich die Gemengelage was den amerikanischen Aktienmarkt betrifft signifikant. Wachstumswerte werden es zukünftig schwerer haben für Investoren attraktiv zu bleiben. Andere Sektoren rücken dann mehr in den Fokus der institutionellen Anleger. Ich möchte Sie darauf sensibilisieren, aufmerksam die Börsenberichterstattung zu verfolgen, und daraus sinnvolle Schlüsse zu ziehen mit dem Ziel die passende Trading-Strategie daraus abzuleiten.

Anhang

Abbildungsverzeichnis:

Abbildung 1: Apple Aktie als Linienjahreschart im Vergleich mit Dow Jones und S&P500, Seite 17, Daten abrufbar unter www.consorsbank.de

Abbildung 2: Apple Aktie als Linienchart im Vergleich mit der 200-Tage-Linie, Seite 19, Daten abrufbar unter www.consorsbank.de

Abbildung 3: Klassifizierung derivativer Produkte, Seite 28, via Deutscher Derivate Verband e.V., abrufbar unter:
https://www.derivateverband.de/Media-Library/Document/20%2008%2012%20Derivate-Liga.pdf

Abbildung 4: Ratingagenturen und ihre Noten, Seite 60, via Vergleich.de, abrufbar unter: https://www.vergleich.de/laenderrating.html

Abbildung 5: Wie funktioniert ein Robo-Advisor?, Seite 102, via Brokervergleich.de, abrufbar unter https://www.brokervergleich.de/robo-advisor/

Abbildung 6: Übersicht Emittenten von Zertifikaten, Seite 125, via Deut-scher Derivate Verband e. V., abrufbar unter:
htps://www.derivateverband.de/DEU/Verband/Mitglieder

Lesempfehlungen:

Benjamin Graham: Wie man Unternehmenszahlen liest: Unschätzbare Weisheiten vom Gründervater des Value-Investings

Peter Lynch: Der Börse einen Schritt voraus: Wie auch Sie mit Aktien verdienen können

Warren Buffet: Das ultimative Mindset für Investoren

Dr. Alexander Elder: Alles, was Sie über Trading wissen müssen

Beate Sander: Stock-Picking mit Nebenwerten

Stefan Salomon: Das große Lehrbuch der Chartanalyse: Wie Sie Kauf- und Verkaufssignale erkennen.